徳川十六将

伝説と実態

菊地浩之

JN020425

角川新書

目次

はじめに

歴史雑誌で徳川《とくがわ》家臣団を特集すると、ほぼ必ず登場する「徳川十六将」。徳川家臣団では有力部将の「徳川四天王」（酒井《さかい》忠次《ただつぐ》・井伊《いい》直政《なおまさ》・榊原《さかきばら》康政《やすまさ》・本多《ほんだ》忠勝《ただかつ》）が有名だが、「徳川十六将」はその延長、拡大版のようなものである。

「徳川十六将」は、「徳川十六将図」として掛け軸などにされて江戸時代に広まった。多くの図画が現在にも残されており、いくつかの種類が確認されるのだが［図0―1］、掲載されている人物はおおよそ同じパターンである。

具体的に氏名を挙げておこう［表0―1］。

「徳川四天王」の四人から鳥居《とりい》元忠《もとただ》・大久保《おおくぼ》忠世《ただよ》あたりまでなら、納得できるものの、「槍《やり》の半蔵《はんぞう》」の渡辺守綱《わたなべもりつな》、「鬼の半蔵」の服部《はっとり》半蔵は名前先行で、十六人に選ばれるような実力がともなっていないように感じるし、米津藤蔵《よねきづとうぞう》入道浄心《じょうしん》は「徳川十六将」以外で見たことがない。松平甚太郎康忠《まつだいらじんたろうやすただ》に至っては実在しない（おそらく名前を誤った）人物である。

徳永真一郎《とくながしんいちろう》という作家が『家康・十六武将』という著作を発表しているが、そこに掲げられた十六人は「徳川十六将図」に掲載された武将ではない。「徳川十六将図」は人選が偏っ

件数	(以下略)	植村家存	大久保忠教	水野勝成	成瀬正成	本多正純	藤堂高虎	大久保長安	奥平信昌	青山忠成	高力清長	安藤直次	板倉勝重	大久保忠隣	天野康景	本多重次	本多正信	石川数正	米津常春	鳥居忠広	高木清秀	松平康忠	大久保忠佐
16																			●	●	●	●	●
16						●	●						●				●	●					
18			●	●	●				●	●	●	●		●	●	●	●	●					
12																						●	△
16																			●	●	●	●	●
10								●						△	△	△		●					
25	△							●			△	△	△		△	△	△	△	●	●	●	●	●
11														△	△	△	△	△					
34	△								△	△		△	●	△	△	△	●	●			△		△
17																	●		●	●	●	●	●
	2	0	1	1	1	1	1	2	2	2	2	3	3	4	5	5	6	6	4	4	5	5	6

されている記事を表す。
画が成り立たず、他の人物を起用する場合が多い。

ていて、そのまま書籍とするには魅力に乏しいからだ。

筆者はかねて、徳川家臣団のベスト16に米津浄心入道のような超弩《ど》マイナーな人物や名前を誤ったままの人物が掲げられているのが、不思議で仕方がなかった。ところが、どの本も誰もその疑問に向き合ってくれていない。「この十六人が選ばれているんだから仕方がない」「誰が決めたか知らないけれど、そういうことになっている」と、大人社会の不条理を呑《の》み込ませるかの如く、疑問を投げかけている書籍すらない。疑問を投げかけたら、その答えを出さねばならないからだ。

そこで、徹底的に考えてみたのが本書執筆のきっかけである。

表0－1：徳川十六将

書籍・雑誌名	出版年	酒井忠次	本多忠勝	榊原康政	井伊直政	鳥居元忠	平岩親吉	大久保忠世	服部半蔵	渡辺守綱
（翁草版　徳川十六将）	ー	●	●	●	●	●	●	●	●	●
書籍『家康・十六武将』	1987	●	●	●	●	●	●	●	●	●
『歴史読本／戦国最強の精鋭　家康の家臣団』	1946	●	●	●	●	●	●			
『歴史と旅／家康と徳川十六神将』	1978	●	●	●	●	●	●	△	●	●
『歴史読本／徳川家康と十六神将』	1995	●	●	●	●	●	●	●	●	●
『歴史読本／徳川四天王』	2007	●	●	●	●				●	
『EIWA MOOK ／徳川四天王』	2014	●	●	●	●	●	●	●	●	●
『歴史人／家臣団の合戦力』	2016	△	△	△	△	△		△		
『徳川を支えた最強家臣』	2017	●	●	●	●	●	△	△		△
『EIWA MOOK ／よくわかる戦国大名軍団』	2017	●	●	●	●	●	●	●	●	●
		10	10	10	10	9	8	8	7	7

※　●は徳川十六将として掲載されている記事、△は十六将という断りがなく、徳川家臣団と
「徳川十六将図」の多くは翁草版と呼ばれる十六人から成るが、書籍・雑誌ではその十六

徳川家臣団を特集した歴史雑誌の多くは「徳川十六将」を取り上げつつも、なぜそんな納得しがたい人選になったのかの論考を避け、いきなり個々の人物評に入っている。しかし、本書では、まず第一部の第一章で「徳川十六将図」にはどんなパターンがあるのか、先学を踏まえて考察し、なぜその十六人が選ばれたかを推理する。そして、第二章で徳川家臣団の形成の歴史を踏まえながら、第二部で個々の人物評を展開していきたい。なお、それぞれの人物列伝の冒頭に人物の概要を入れた。本文中の逸話の一部が重複することをご容赦いただきたい。

第二部は普通の「徳川十六将」論になるはずなのだが、他書のような武将の礼

賛にはならなかった。今回、執筆して気付かされたのは、ややもすれば評判の悪い酒井忠次の有能さである。そして、それに次ぐ榊原康政の戦局眼。意外にスタンドプレーだけの本多忠勝。そもそも合戦経験が圧倒的に少ない「創られた名将」井伊直政——等々。天邪鬼《あまのじやく》で皮肉好きな筆者の性向が出てしまった感はあるが、どうかお付き合いいただきたい。

図0－1－①さまざまなタイプの十六将図、二十将図

個人蔵

図0－1－②さまざまなタイプの十六将図、二十将図

個人蔵

図0－1－③さまざまなタイプの十六将図、二十将図

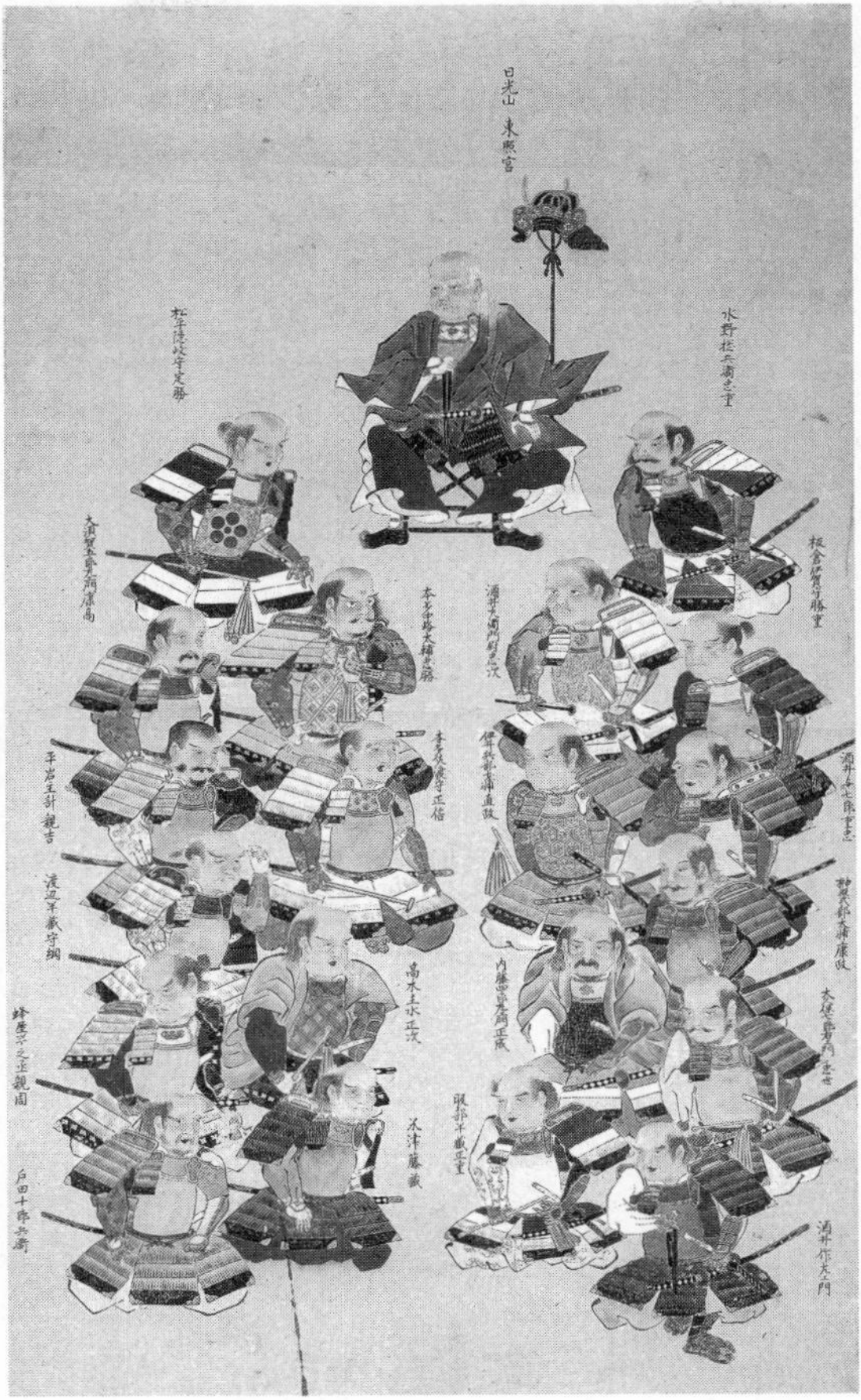

個人蔵

第一部　「徳川十六将図」とは

第一章　「徳川十六将図」をめぐる議論

第一節　徳川十六将とはなにか

集団肖像画の一つ

この章では「徳川《とくがわ》十六将図」について見ていきたい。「武将たちの話が読みたい」という方は読み飛ばしていただいてかまわない。しかし、第二部で取り上げる武将が、なぜ十六将に選ばれているのかを明らかにしているので、そこに興味がある方はご一読願いたい。

「徳川十六将図」は掛け軸や図版化されて江戸時代に広まった。武将の一群を描いた類似商品として「武田《たけだ》（信玄《しんげん》）二十四将図」「上杉《うえすぎ》（謙信《けんしん》）九将図」「黒田《くろだ》（長政《ながまさ》）二十四騎図」「加《か》藤清正《とうきよまさ》并《ならびに》十六将図」などがある（須藤茂樹《すどうしげき》氏論考『歴史読本』一九九五年十一月号）。巷間《こうかん》では軍団絵・武家集合画像などと呼ばれるが、武将画に詳しい守屋正彦《もりやまさひこ》氏は、ドイツ語の

Gruppenbild（集団肖像画）という概念が最も近いという（『近世武家肖像画の研究』）。その中で最もポピュラーなのが「徳川十六将図」と「武田二十四将図」である。徳島市立徳島城博物館学芸員（当時）の須藤氏の論考によれば、最古の「武田二十四将図」は元禄《げんろく》年間（一六八八～一七〇四）に作成され、町人層にも拡がり、少なくとも二十二種類の「武田二十四将図」が存在するという。

ただし、作成年代からいえば、「徳川十六将図」の方が古い。『新編　岡崎市史17　美術工芸』によれば、万松寺《ばんしょうじ》蔵「十六神御影一軸　三州松平金左衛門納之／元和四戊午年三月吉日」と墨書きされた奉紙が貼付された「徳川十六将図」がある（元和《げんな》四年は一六一八年）。「武田二十四将図」は「徳川十六将図」を模倣する形で描かれたのだろう。最古の「武田二十四将図」は「顔立ちは役者絵風に描かれており、信玄や信廉《のぶかど》は初代市川団十郎《いちかわだんじゅうろう》に似せており、すでに町人にターゲットをあてて出版された」（須藤氏論考）という。

武田二十四将図と比較した徳川十六将図の特徴

「武田二十四将図」「徳川十六将図」ともに数種類の画像が出回っている。

守屋正彦氏は「武田二十四将図」と「徳川十六将図」を比較して、絵画としては「十六将の配置や姿形が一致する画像を見出すことは武田二十四将図の定型的表現のようにその基準を見出すことは難しく、聊《いささ》かヴァリエーションがあり過ぎる」（『近世武家肖像画の研究』）と指摘している。

「武田二十四将図」がほぼすべて甲冑《かっちゅう》姿で描かれ、武将の配置も類似しているのに比べ、「徳川十六将図」は甲冑だけでなく、直垂《ひたたれ》姿のものもあり、武将の配置も縦に二列・三列に並べられたものから、横に円形型に並べられたものまで様々な形態がある。

「武田二十四将図」のほとんどすべてに各々の武将の氏名が記載されているが、「徳川十六将図」はそうではない。氏名の記載がなく、甲冑や衣服につけられた家紋で類推するか、それすら描かれておらず、単に十六人描いただけのものすら存在する。

須藤茂樹氏は先述の論考で、六種類の「徳川十六将図」を列記しているが、名古屋《なごや》城管理事務所学芸員（当時）の奥出《おくで》賢治《けんじ》氏は二十七種類の「徳川十六将図」の存在を明らかにしており（奥出氏論考④）、少なくとも三十種類の存在が確認できる。筆者は定期的にネットのオークションをチェックしているが、一年半くらいで三十件以上を確認しているので、百件以上が存在している可能性がある（図版で使用しているものは、実際に筆者が購入したものである。高額だからといって良品とは限らないので要注意）。

ただし、「徳川十六将図」に掲載された人物のヴァリエーションは驚くほど少ない。三十種類のうち、武将の氏名が記されているものが十八件。メンバーが完全一致するものが十三件もある［表1―1］。

しかも、掲載されている人物の名前が明らかに誤っているにもかかわらず、それが共通している。つまり、原形が存在し、それを模写して広まったと思われる。中には、誤りを正そうとしたり、発注主の意図で掲載人物を変えたりしている場合もあるが、ほとんど無批判に継承されていった可能性が高い。

少ない先学の論考

ここで、まず先学を紹介しておこう。

「徳川十六将図」についての論考は、奥出賢治氏と守屋正彦氏によるものがある。

奥出賢治氏は一九四六年生まれ。國學院大學修士課程卒の名古屋城管理事務所学芸員である（『歴史読本』一九九五年十一月号）。國學院大學は文学部史学科が有名だが、奥出氏が発表した論考は美術品に関わるものが多く、博物館学課程出身だと思われる（奥出氏の専攻を記したものは見当たらなかった）。

守屋正彦氏は一九五二年山梨県生まれ。東京教育大学（現・筑波大学）大学院教育学研究科美術学専修課程において芸術学を専攻し、のちに博士号（芸術学）を取得。近世の武家肖像画について数多くの論文を発表している。山梨県出身なので「最初は『武田二十四将図』

ン」	翁草版の十六将で「神セブン」以外									独帥十六将図で「神セブン」以外									その他											
平岩親吉	松平甚太郎	内藤正成	高木清秀	大久保忠佐	渡辺守綱	鳥居忠広	服部半蔵	米津常春	蜂屋貞次	植村家政	大須賀康高	松平家忠	松平信一	松井康親	石川数正	石川家成	本多広孝	本多忠次	本多重次	夏目吉信	藤堂高虎	水野忠重	安藤直次	戸田忠次	渥美友勝	松平定勝	酒井重忠	本多正信	板倉勝重	渡辺重綱
●										●	●	●	●	●	●	●	●	●												
●	●	●	●	●	●	●	●	●	●																					
●	●	●	●	●	●	●	●	●	●																					
●	●	●	●	●	●	●	●	●	●																					
●	●	●	●	●	●	●	●	●	●																					
0	1	8	9	11	16	13	15	12	14																					
8	1	9	10	13	11	14	12	16	15																					
8	1	9	10	13	11	15	12	16	14																					
8	1	9	10	13	11	14	12	16	15																					
8	1	9	10	13	11	6	12	16	15																					
8	3	9	10	15	11	16	12	14	13																					
0	1	8	9	11	16	13	15	12	14																					
8	1	12	11	9	14	10	13	16	15																					
8	1	12	11	9	14	10	13	16	15																					
8	1	12	11	9	14	10	13	16		15																				
3	1	10	11	12	17	9			14										15	16	7									
6		18	13	14	15		20	7	17		12	2										1	3	16	19					
●		●	●	●	●						●								●			●		●		●	●	●	●	●
8	15	17	17	17	17	15	15	15	15	2	3	2	1	1	1	1	1	1	2	1	1	2	1	2	1	1	1	1	1	1

員会編。

かったケース。

同列の場合は、図画上で右側に配置された人物を格上とした。
の十六将図であることを示す。

表1－1：徳川十六将

No.	図名	所蔵	奥出論考				奥出賢治氏解説	様式	氏名記載	人数	いずれにも掲載			
			家康東照宮	歴読十六将	名古屋紀要	歴読四天王					酒井忠次	榊原康政	本多忠勝	井伊直政
1	十六将図：横型No.1	岡崎市万松寺蔵					元和4(1618)年作か?	横	無	16				
2	十六将図：横型No.2	久能山東照宮蔵	○	○	○	○	元文4(1739)年作	横	有	16	●	●	●	
3	十六将図：横型No.3	岡崎市法蔵寺蔵					明和3(1766)年修復	横	有	16	●	●	●	●
4	十六将図：横型No.4	徳川美術館蔵		○				横	有	16	●	●	●	●
5	十六将図：横型No.5	浜松市博物館蔵	○		○	○	円形型の構図	横	有	16	●	●	●	●
6	十六将図：遺訓併記	浜松市博物館蔵	○	○	○	○	明治期作：家康の遺訓が画賛	横	有	16	●	●	●	●
7	十六将図：掛軸No.1	名古屋城振興協会蔵			○	○	陣羽織を羽織った具足姿	縦	有	16	2	3	5	4
8	十六将図：掛軸No.2	浜松市博物館蔵	○		○	○	武将名を明示している	縦	有	16	2	4	3	5
9	十六将図：掛軸No.3	名古屋城管理事務所蔵			○	○	武将の配置図が異なる	縦	有	16	2	4	3	5
10	十六将図：掛軸No.4	致道博物館蔵		○			―	縦	有	16	2	4	3	5
11	十六将図：掛軸No.5	名古屋城振興協会蔵			○	○	3列並列型の構図	縦	有	16	2	4	3	5
12	十六将図：掛軸No.6	浜松市博物館蔵	○	○	○	○	具足と直衣姿の混在	縦	有	16	2	1	5	4
13	十六将図：掛軸No.7	名古屋城振興協会蔵	○	○	○	○	武将名を明示している	縦	有	16	2	3	5	4
14	十六将図：掛軸No.8	岡崎市瀧山寺蔵					―	縦	有	16	2	3	6	4
15	十六将図：掛軸No.9	所蔵者記載なし	○					縦	有	16	2	3	6	4
16	十六将図：掛軸No.10	和歌山県東照宮蔵	○	○			―	縦	有	16	2	3	6	4
17	十七将図：掛軸	運正寺蔵			○	○	福井市蔵：藤堂高虎あり	縦	有	17	2	3	6	4
18	二十将図：掛軸No.1	日光東照宮蔵	○	○	○	○	二十将図	縦	有	20	5	8	4	9
19	二十将図：横型	名古屋城振興協会蔵		○	○	○	二十将図：円形型の構図	横	有	20	●	●	●	
20	二十将図：掛軸No.2	個人蔵				○	二十将図：3列並列型の構図	縦	×	20				
21	十六将図：掛軸No.11	個人蔵				○	明治期作	縦	×	16				
22	十六将図：横型No.6	名古屋市秀吉清正記念館蔵	○	○	○	○	家康が描かれていない	横	無	16				
23	十六将図：掛軸No.12	久能山東照宮蔵			○	○	―	縦	無	16				
24	十六将図：掛軸No.13	名古屋城振興協会蔵			○	○	―	縦	無	16				
25	十六将図：掛軸No.14	名古屋城振興協会蔵		○	○	○	家康の代わりに旗印	縦	無	16				
26	十六将図：掛軸No.15	浜松市博物館蔵	○		○	○	陣羽織を羽織った具足姿	縦	無	16				
27	十六将図：掛軸No.16	久能山東照宮蔵	○		○	○	束帯・衣冠・直衣姿	縦	無	16				
28	十六将図：掛軸No.17	名古屋城管理事務所蔵	○		○	○	武将名が記されていない	縦	無	16				
29	十六将図：掛軸No.18	個人蔵				○	束帯・衣冠・直衣姿	縦	無	16				
30	十六将図：巻子装				○	○	巻子装	横	×	?				
											18	18	18	1

※「奥出論考」欄の"○"は、以下の論考で図画が掲載されていることを示す。

・「家康東照宮」：1992年「家康・東照宮と徳川十六将図」『特別展　家康と東照宮』名古屋城美術

・「歴読十六将」：1995年「家康と徳川十六将図の謎を追う」『歴史読本』1995年11月号。

・「名古屋紀要」：2002年「徳川十六将図再考」『名古屋市博物館研究紀要』第25巻。

・「歴読四天王」：2007年「『徳川十六将図』の大研究」『歴史読本』2007年3月号。

※「様式」は、縦に長い掛け軸か、横に長い額形式かを示す。

※「氏名記載」は図画の氏名記載の有無を示す。"×"は氏名記載はあるものの、掲載図画不鮮明で読

※「人数」は、図画に記載された人物の人数を示す。ただし、徳川家康を含んでいない。

※「酒井忠次」以降の列は、当該図画の掲載有無を示す。掛け軸（縦）の場合は、掲載序列を数字で表

額形式は配置による判断が困難だったため、単に"●"で表している。網掛けをしているのは、いわゆ

からはじまったが、資料調査を進める過程において、このような武家の集合した画像が中世には見られなかったこと、巷間にはこのような画像は軍団絵と史家によっては言われてきたようであるが、『徳川十六将図』や『徳川二十将図』とこの『武田二十四将図』が全国的に普及していたことが次第に解っていったのである」（『近世武家肖像画の研究』）と、序文で語っている。

つまり、奥出氏・守屋氏はともに「徳川十六将図」に描かれた武将よりも、絵画の方に強く興味を持っており、特に守屋氏にその傾向が強い。

第二節　奥出氏論考

奥出氏論考は四本

奥出賢治氏は少なくとも以下の四本の論考を発表している。

①一九九二年「家康・東照宮と徳川十六将図」『特別展　家康と東照宮』名古屋城美術展開催委員会編

②一九九五年「家康と徳川十六将図の謎を追う」『歴史読本』一九九五年十一月号

③二〇〇二年「徳川十六将図再考」『名古屋市博物館研究紀要』第二五巻

④二〇〇七年「『徳川十六将図』の大研究」『歴史読本』二〇〇七年三月号

これら四つの論考は、それぞれが異なる観点で書かれたものではなく、内容はほぼ同じである。一九九二年に名古屋城で「特別展　家康と東照宮」が催され、名古屋城の学芸員だった奥出氏が論考を寄せた。それを歴史雑誌で発表するために徐々にブラッシュアップしている。従って、最新論考である二〇〇七年発表の④「『徳川十六将図』の大研究」の内容さえ追っていけば、他の三本の論考にも言及したことになる。

奥出氏論考は問題提起型である。まず、問題提起を行ってから、それに答えるべく論考を進め、付随した特徴も紹介していくという手法を採っている。筆者が数えたところ、六つの問題提起があった。以下紹介していこう。なお、引用文は④「『徳川十六将図』の大研究」からのものである。

①なぜ「十六」なのか

一番目の問題提起は「十六人という人数に制限したのは何故《なぜ》であろうか」。

その回答は「十六という数字からは、宗教的、特に仏教的な要素の名数を多くみいだすことができる」。その具体例として「十六尊、十六善神、十六羅漢、十六大護、賢劫十六尊など」をあげている。さらに、「十六善神は大般若経を守護する護法善神のこと」であるから、

「徳川十六将図」はこれらをイメージして「家康の守護を目的として描いた図様であることが推測できる」と結んでいる。

以下は筆者の推測だが、後述する守屋氏論文で取り上げられた「独帥十六将図」には十六善神と記されている。十六善神は四天王と十二神将を合わせた画像であり、「徳川十六神将」という呼称が伝わっていることから、仏教の十六善神になぞらえて、「徳川十六将図」が描かれたと考えるのが最も適切であろう。

なお、数は少ないが、徳川二十将図というものが数点伝わっている。

これについて、奥出氏論考では「武将の人数を増やしたことで図様に祖先が描かれることになり、武功の家として家康側近であった面目を保つことができたのであろう」という文章を付している。なお、筆者の見解は第三節で述べる。

②十六将はどのような基準で選ばれたのか

二番目の問題提起は「十六将図に描かれた武将達は、どのような基準で選抜されたのであろうか」。

結論からいえば、奥出氏はその回答を明示していない。以下、奥出氏の見解を拾っていこう。

「高い俸禄を取っていた武将ばかりではない」。

「家康が三河で活動していた時期から仕えていた者達である」。

「領国拡大に生命をかけて従事した家臣達に対して、拡大した領国内の支配（経営）は、事務能力を持った家臣達によって司《つかさど》られるのが常で、（中略）戦上手《いくさ》の武功派家臣達は、家康の側近として近くで仕えている用務もしだいに少なくなっていき、（中略）創業期の苦しみや過去の活躍に対する栄光を多くの人々に知らせ、その事跡を残す手だてとして、戦陣で家康を警護（守護）しながら戦っていた様子を構図化して描くことで、在りし日の勇姿を後世に伝えるために制作した図様ではなかろうか」等である。

なお、十六将がどのような基準で選ばれたのか、筆者の見解は第四節で述べる。

③配置はどのような基準で決められたのか

三番目の問題提起は「十六人の選ばれた家臣達が、それぞれの武将を描く配置（構図）は、どのような基準で決められていったのであろうか」。

やはり、これも回答の明示はない。「選抜方法やそれぞれの武将が構図内でどの場所に配置されていたかの基準も明らかではない」。

後述するように、徳川十六将図に描かれている人物は、極少ない例外を除いて、ほぼ一緒である。神沢貞幹《かんざわさだもと》（一七一〇～九五）が著した『翁草《おきなぐさ》』に、すでにそのメンバーが掲載されているという。

・酒井左衛門尉忠次《さかいさえもんのじょうただつぐ》（慶長《けいちょう》二十年十月二十八日卒）
・大久保七郎右衛門忠世《おおくぼしちろうえもんただよ》（文禄《ぶんろく》三年九月卒）
・大久保治右衛門忠佐《じえもんただすけ》（慶長十八年卒）
・渡辺忠右衛門守綱《わたなべちゅうえもんもりつな》（元和六年四月九日卒）
・榊原式部大輔康政《さかきばらしきぶのたいふやすまさ》（慶長十年五月十四日卒）
・内藤四郎左衛門正成《ないとうしろうざえもんまさなり》（慶長七年四月十三日卒）
・蜂屋半之丞貞次《はちやはんのじょうさだつぐ》（永禄《えいろく》七年五月戦死）
・平岩主計頭親吉《ひらいわかずえのかみちかよし》（慶長十六年十二月晦日《みそか》卒）
・本多中務大輔忠勝《ほんだなかつかさのたいふただかつ》（慶長十五年十月卒）
・井伊兵部大輔直政《いいひょうぶのたいふなおまさ》（慶長七年二月卒）
・鳥居彦右衛門元忠《とりいひこえもんもとただ》（慶長五年八月卒）
・松平甚太郎康忠《まつだいらじんたろうやすただ》
・高木主水祐清秀《たかぎもんどのすけきよひで》（慶長十五年七月十三日卒）
・鳥居四郎右衛門直忠《しろうえもんなおただ》［四郎左衛門の誤り。忠広《ただひろ》ともいう］

・服部半蔵《はっとりはんぞう》
・米沢藤蔵《とうぞう》［米津《よねきづ》の誤り］

④十六人をどのような基準で配置構成したのか

四番目の問題提起は「十六人の武将をどのような基準で配置構成していったのであろうか」。

奥出氏は左記の二つの回答を述べている。

一つ目は「家康像は画面上端部分中央に位置し、十六人の武将達に比べてわずかでも上に突出して描かれている」。

二つ目は「軸表具に仕立てている図様の場合は、構図が円形型と左右並列型の二種類に大別できる。（中略）十六将図の構図が円形型に描いている場合は、上下関係にあまりこだわらない配置形態と思われる。（中略）並列型が多く描かれるようになると三列や変形三列、あるいは四列などの変形があらわれ、武将達の上下関係も意識されて列を増やすことで、描かれる配置場所を移動することもできたと思われる」。

奥出氏は「円形型に描いている場合は、上下関係にあまりこだわらない配置形態と思われる」と指摘しているが、実はそうではない。たとえば、円形型と並列型を比べてみると、厳密に完全一致しているわけではないが、掲載人物は三つのグループに分けられ、両図ともほぼ同様の配置を描いていることがわかる［図1―1、2］。

そのグループとは、①松平甚太郎＋いずれの十六将図でも描かれている七人、②内藤・高木、大久保忠佐、鳥居四郎左衛門の四人、③渡辺、服部、米津、蜂屋の四人である。下位になるに従ってマイナーな人物になっていくことがよくわかる。

⑤十六将図はいつ頃から描かれ始めたのか

五番目の問題提起は「十六将図は、いつ頃から描かれ始めたのであろうか」。

その回答は「筆写の落款《らっかん》・印、描法や画面外にみられる墨書や貼り付けられた紙片の文書などから、江戸時代前期の作と認められる十六将図もある」。より具体的にいうと、制作された時期が信頼できる作品は「久能山東照宮所蔵の元文四年の墨書銘をもつ十六将図」がある（元文《げんぶん》四年は一七三九年）。また、「年紀銘などを墨書した紙が画幅の裏面に貼付けられた例として、万松寺（岡崎市）所蔵の十六将図がある。（中略）元和四年（一六一八）に万松寺へ松平金左衛門が奉納した十六将図である。管見する十六将図の中では最も古い年紀銘が付随している図様といえる」（万松寺蔵の十六将図は『新編　岡崎市史17　美術工芸』に採録）。ただし、「裏面に直接年紀銘などを墨書していないために、後世になってこれらの文面を記した紙を貼付けたのではないかと疑うこともできる」と指摘している。

数多くの十六将図の存在を世に知らしめ、元和四（一六一八）年に松平金左衛門が万松寺へ奉納した十六将図が最も古い可能性があることを見出《みいだ》したことは、奥出氏の大きな功績であろう。ただし、この「松平金左衛門」が何者かはわかっていない。

また、書画の類《たぐ》いでは、誰が描いたかによっておおよその年代を推定することが可能であるが、「図様に記されている絵師の多くは、調査不足も手伝って経歴すら不詳であることも多々ある」。つまり、無名の絵師の手によるものが多く、数点を除いて年代推定は難しいとのことだ。

⑥十六将図の原形図はいつ頃にできたのか

六番目の問題提起は「十六将図が制作されるようになった原形図は、いつ頃できたのであろうか」。

その回答は「武功派の将軍達は、活躍の場が少なくなり側近としての影もしだいに薄くなっていた（中略）そのような文禄・慶長期前後の時期には、十六将図の原形となるような戦陣の様子を描き留め、その背景に松樹などを加えた図様が描き始められていたのかもしれない」。

図１－１：円形型の徳川十六将図

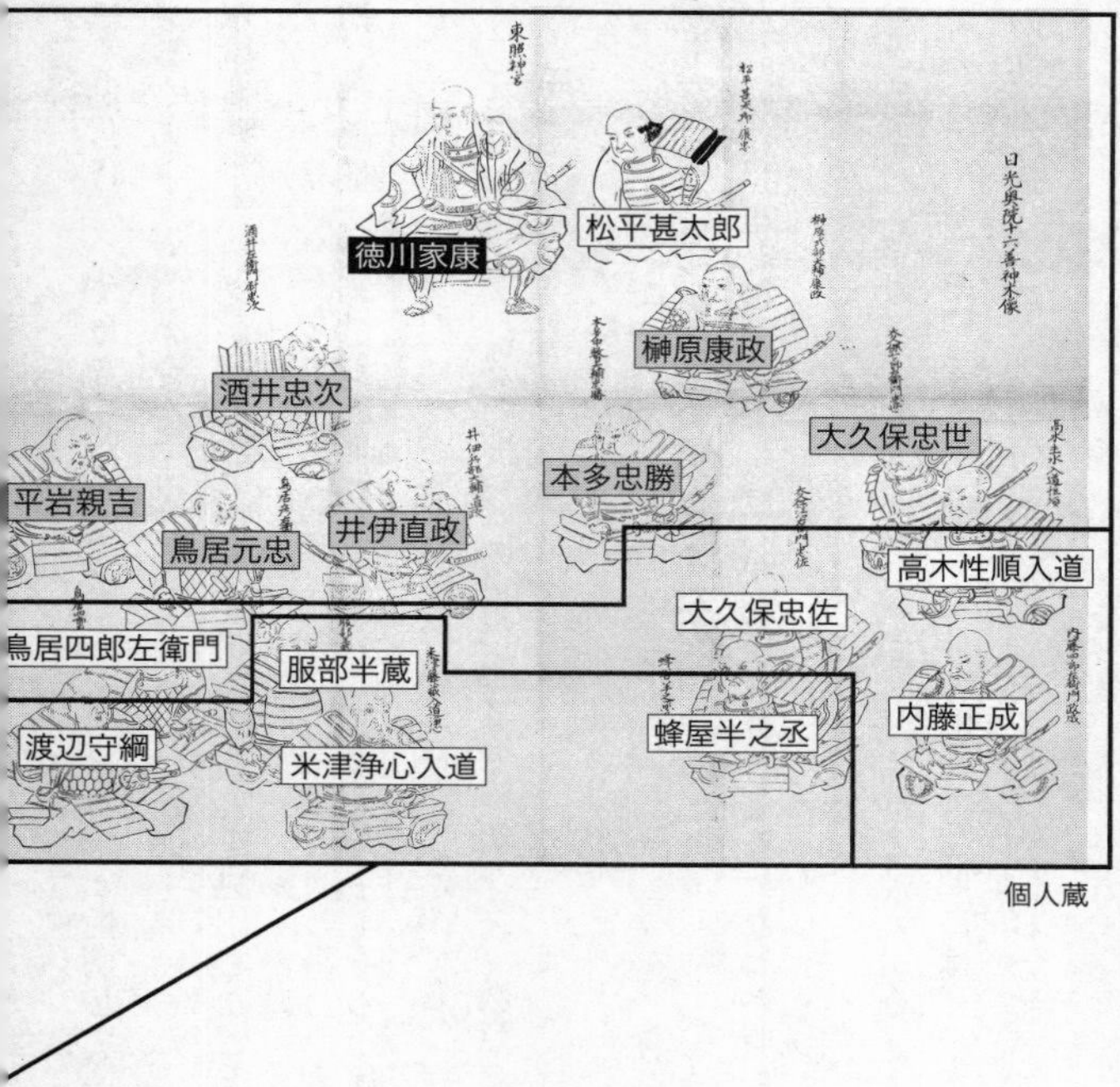

個人蔵

図1－2：左右並列型の徳川十六将図

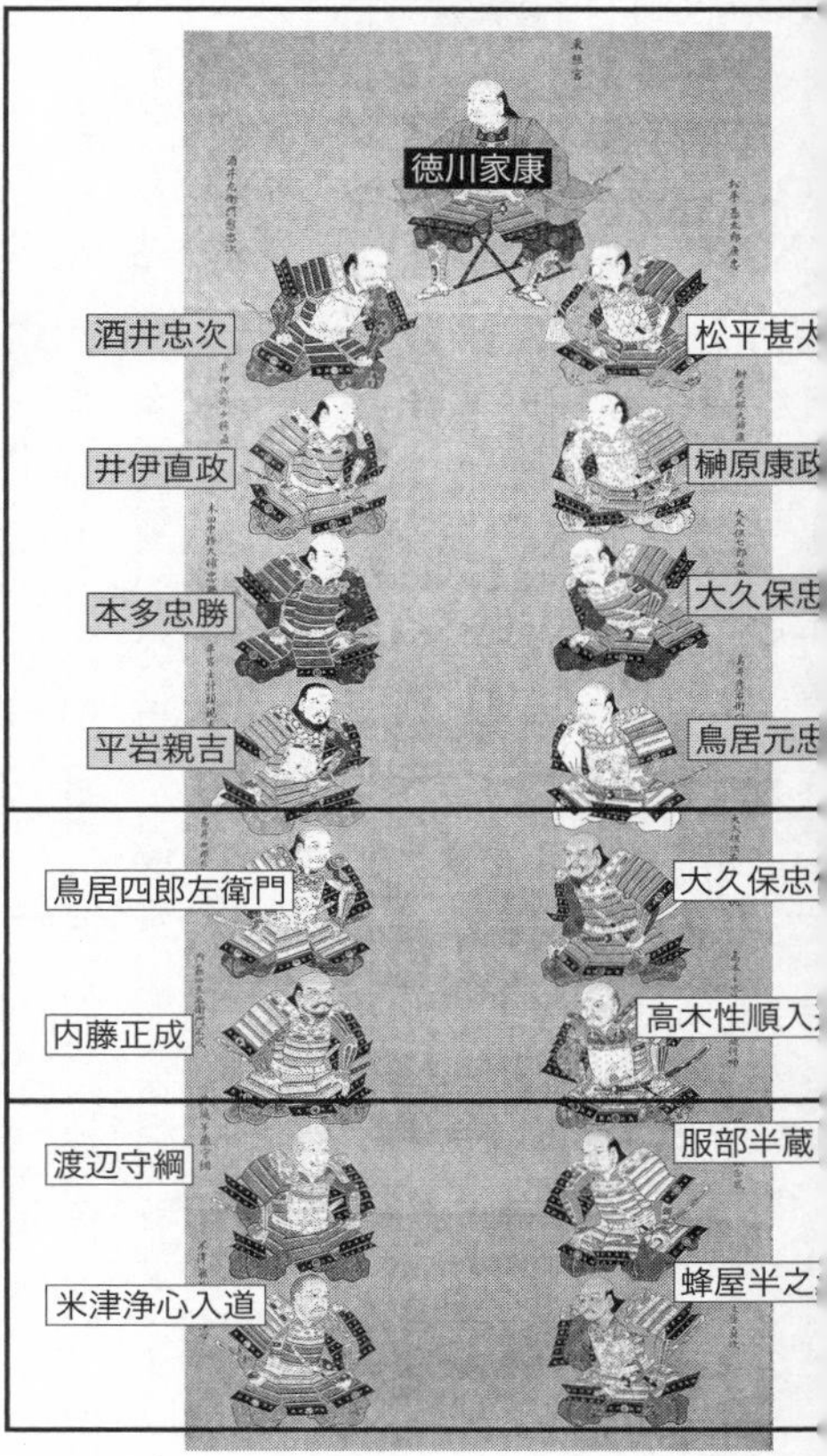

個人蔵

ただし、家康《いえやす》が征夷《せいい》大将軍に就任した慶長八（一六〇三）年以前に家康を神格化した十六将図が描かれたとは考えがたい。その時期に武断派の顕彰のために十六将図の原形が作られたのであれば、豊臣《とよとみ》十六将図や毛利《もうり》・上杉十六将図も作成されたはずだが、聞いたことがないからだ。

補論・運正寺蔵の十六将図

越前《えちぜん》福井藩の藩祖・結城秀康《ゆうきひでやす》（徳川家康の次男）の菩提寺《ぼだいじ》・運正寺《うんしょうじ》にも十六将図が残されている。「この十六将図は前述してきた図様とは異なった図様で、その違いの大きな部分は家康を守護している武将が十七人描かれていること」である。

さらに「管見した十六将図のなかで異例な武将を加えて描いていることが最大の特徴である」。その武将とは藤堂高虎《とうどうたかとら》である。ただし、その理由はわからない。

「本来十六（場合によっては二十人）の徳川譜代で武功派武将達を描くのが通常である図様に、ことさら外様武将を一人増員して描いた意図は不明である」。結城秀康、および筆頭家老・本多家との関わりを考えたが、藤堂高虎との関係は見出せなかったという。

第三節　守屋氏論考

守屋氏論考

守屋氏の論文は二〇〇二年「徳川十六将図並びに徳川二十将図について」（『近世武家肖像画の研究』勉誠出版）の一本である（以下、引用は同書から）。

守屋氏論文では以下の五点について具体的に論考している。

①久能山東照宮《くのうざんとうしょうぐう》博物館蔵「独帥十六将図」
②久能山東照宮博物館蔵「家康及び徳川十六将図」(伝狩野探信《かのうたんしん》筆)
③浜松《はままつ》市博物館蔵　木版画像
④松応寺《しょうおうじ》蔵版　多色摺《たしょくずり》木版
⑤日光《にっこう》東照宮蔵　徳川二十将図(伝狩野永納《えいのう》筆)

①独帥十六将図

守屋氏が「独帥十六将図」と呼ぶ絵は、「徳川十六将図」の中でも異端と呼べる作品である。「本図は定型的な画像とは趣を異にする画像であり、背景に松の大樹が描かれており、(中略)通常の画像と比較すると、一般に背景を描かないこと、また横幅は珍しいことが挙げられる。(中略)

最も重要とするところは本図には制作の背景を示す賛文が添えられ、十六将名を列記、それに制作年が明らかである点であろう。本図を絵画として鑑賞するには聊《いささ》か邪魔な書き込みであり、本来であれば上部に余白をとるなどして書き込まれるのが一般的であるが、恐らくは制作の当初において賛を予定していたものではなかったように窺える。(中略)賛は『独蟠松下一大元帥其下左右列

十六将在飛麟煙閣涼殿壁図蓋
是米津清婦夢見国風首中之東（湅の誤り。引用者註）
松也其松氏之呉松原功者騰茂
古今称想号則同能仁氏之十六
善神唱其別名
東照神王酒井《さかい》忠次《ただつぐ》石川《いしかわ》数正《かずまさ》
大須賀《おおすが》康高《やすたか》井伊《いい》直《なお》
政《まさ》本多《ほんだ》忠勝《ただかつ》平岩《ひらいわ》
親吉《ちかよし》榊原《さかきばら》康政《やすまさ》石《いし》
川《かわ》家成《いえなり》松平《まつだいら》信一《のぶかず》
松平《まつだいら》家忠《いえただ》松平《まつだいら》康親《やすちか》
大久保《おおくぼ》忠世《ただよ》
本多《ほんだ》康孝《やすたか》（広孝《ひろたか》の誤り。引用者註）
本多《ほんだ》忠次《ただつぐ》
鳥居《とりい》元忠《もとただ》
植村《うえむら》家政《いえまさ》

者也其功徳也鴻大厥威力也自在
対之悉称那謨
至心恭敬合掌稽
首則無禱不応
其願矣於戯大哉至矣
大檀越《だいだんおつ》長谷川《はせがわ》忠崇《ただたか》居士藤公請余作賛』
とあり、画面左隅には
『元文四季歳在 己未《つちのとひつじ》 初夏応栄源現向埜禅庵釈庸古図書』とある。

これにより本図は一七三九年（元文四）の制作が知られ、文中より『十六将図』と言う題名が早くに成立していること、またすでに『十六善神唱其別名』とあるように、本像が制作される以前から別名である十六善神の名が家臣の総称として与えられていたことが窺え、尚《なお》且《か》つこれが仏教絵画で言うところの『釈迦十六善神』のように、当初から仏画的性格が支配的であったことを物語っている」。

つまり、徳川十六将図は釈迦《しゃか》十六善神に似せて作られた、仏画的な性格を持つ絵画であること。十八世紀中頃にはすでによくある画材として知られていたことがわかる。

なお、賛文の「長谷川忠崇」（一六九四～一七七七）は飛騨《ひだ》の代官で、大名・旗本の系図集である『寛政重修諸家譜《かんせいちょうしゅうしょかふ》』によれば、「元文四年九月に家に伝ふる古文書三百二十九通をたてまつりしかば、十月六日時服二領、黄金五枚をたまふ」との記述がある。本図は元文四年に作成したのではなく、それ以前から長谷川家に伝わっていたもので、別途伝わっていた由緒を忠崇が賛文として足して、元文四年に提出した一品ではないか。

②伝狩野探信筆　十六将図

守屋氏は、久能山東照宮博物館蔵「家康及び徳川十六将図」（伝狩野探信筆）と江戸時代後期制作と思われる個人蔵の十六将図を比較。前者には武将名が記されていないが、後者と配列がほぼ同一であることから、「武将の配置順が恐らくは決まっていたものであることを知ることができる」と述べている。そして、「狩野探幽《たんゆう》の子、探信の手になると伝えられたことから、所蔵者が絵としての価値を考慮して武将名を示さなかったと解釈することもできよう。（中略）これを仮に探信とした場合は制作が元禄を前後する時期となり、本図のような形式の十六将の成立がこれ以前に行われたことが推察される」と指摘している。

近年、伝源頼朝《みなもとのよりとも》像を足利直義《あしかがただよし》、伝足利尊氏《たかうじ》像を高師直《こうのもろなお》とする学説が提唱されているが、それはいずれも肖像画に氏名を記していないことが原因だったと考えられる。守屋氏は「武田二十四将図」の研究から入ってきたため、氏名が書かれていない「徳川十六将図」について特別視されているようだが、江戸時代以前に描かれた肖像画では、当該人物の氏名が記されていないものが一般的だったのではないだろうか。

江戸時代以前に人物の横に氏名を列記するような肖像画は稀《まれ》で、初期の十六将図は氏名の記述がなかったと考えられる。ところが、役者絵風に描かれた「武田二十四将図」に氏名記述があったため、その手法を取り入れる形で氏名記述がはじまったのだろう。

「武田二十四将図」で甲冑・衣類に武将の家紋を描いたものは見た憶《おぼ》えがない。これに対し、「徳川十六将図」では家紋を描いたものが少なくない。これは当初の「徳川十六将図」が氏名記述をしなかったため、誰を描いたのかを家紋によって示す必要があったからだろう。

③木版画像、④松応寺蔵版多色摺木版

守屋氏は、浜松市博物館蔵木版画像および松応寺蔵版多色摺木版の存在を以《もっ》て、木版画で大量生産するほど「如何に十六将図が普及していたかの一例と見ることができる」と指摘している。

続いて、守屋氏は家康が正面を向いて描かれていることや、武将たちの装束（束帯《そくたい》・直垂《ひたたれ》・羽織袴《はおりはかま》など）に附言しているが、ここでは割愛する。

考
心の俗名は常春。勝政はその父親といわれている。
順の俗名は清秀。正次はその子である。
甚太郎康忠」という人物はいないので、訂正したと思われる。
規同」という異名が伝わっており、そちらが正しいと判断したようだ。
重の実兄・忠分の子孫が紀伊藩附家老１万石となる。
康に仕え、紀伊藩附家老３万 8800 石となる。
高の孫・忠次が幼少で安藤直次が後見。大須賀配下の子孫が紀伊藩士にいる。
康に仕え、大須賀配下から 2000 石で紀伊藩に附けられる。
次の孫・清堅が家康から 2200 石で紀伊藩に附けられる。

⑤伝狩野永納筆　二十将図

守屋氏は徳川二十将図について、「徳川十六将図と二十将図ではどちらが早くに成立したかということに興味が行く」と問題提起した。そして、「これらの画像は徳川幕府を開くのに功績のあった武将の選別の結果であることは容易に推測が成り立つところであり、そのため場合によっては発注者の都合、あるいは制作側の解釈の違いから別の武将をあてることも首肯できるところといえる。短絡に考えるならば最初の選別が十六将で始まり、ついで二十将と画像への顕彰するべき武将画像化したとみることもできよう。ただそうであると簡単に予測することは避け、ここでは伝承であるが比較的早い二十将図の作例を上げ検討したい」と述べ、日光東照宮蔵徳川二十将図（伝狩野永納筆）を考察している。具体的には、「②伝狩野探信筆　十六将図」で明らかにし

表1－2：十六将図と二十将図の違い

分類	A．十六将図『翁草』	B．二十将図（部将名は図から引用
氏名相違	米津藤蔵入道浄心	米津藤蔵勝政
氏名相違	高木主水入道性順	武者奉行　高木主水正正次
氏名相違	松平甚太郎康忠	松平甚太郎家忠
氏名相違	蜂屋半之丞貞次	蜂屋半之烝親同
A無、B有	ー	水野総兵衛忠重
A無、B有	ー	安藤帯刀直次
A無、B有	ー	大須賀次郎左衛門康高
A無、B有	ー	渥美源五郎勝吉
A無、B有	ー	戸田三郎右衛門忠次
A有、B無	鳥居四郎左衛門忠広	ー

た武将名と比較し、五人が増えた代わりに鳥居四郎左衛門忠房《ただふさ》（忠広）が除かれていると指摘し、「武将の選別が時期を違えて行われた可能性が考えられる」と述べている。

異同のある人物を検証していくと、追加された五人がいずれも紀伊《きい》藩に関わり深い人物だとわかる（筆者の見解）。巷間伝わる十六将図をもとに紀伊藩関係者が書き直すと十六人では足りなくなった。そこで切りのよい数字にするため、鳥居四郎左衛門を削除して二十将にしたと考えられる［表1―2］。

第四節　誰が選ばれているのか

先学の評価

奥出氏論考で評価すべき点は、数多くの徳川十六将図を紹介してきたことにある。また、『新編　岡崎市史17　美術工芸』や『翁草』に掲載されている記事を紹介していることも見逃せない。

その一方で、残念な点は、名古屋城の学芸員として実物を間近で見る機会に恵まれながら、数多くの徳川十六将図を分類・分析するところまで踏み込んでいないことである。たとえば、十六将図の構図には軸表具仕立てでは円形型と左右並列型があり、巻子装仕立てもあるという事例紹介にとどまっている。奥出氏が調査した十六将図が何点あり、そのうちの何点が軸表具仕立円形型で、左右並列型、巻子装仕立てが何点あるかといった数量的な分析がないので、何が主流で、何が異端であるかがわからない。

守屋氏論文は対象の図録が圧倒的に少なく、分析が個別の図録の特異性に偏ってしまっている。

両者は図録の論考であって「誰が選ばれているのか」よりも「どのように描かれているのか」に重きを置いている。ただし、筆者を含め、一般読者は前者の方に興味があるだろう。

そこで、本章第四節では「誰が選ばれているのか」について論じていきたい。

ほとんどは『翁草』仕様

奥出氏が四本の論考に掲載している「徳川十六将図」は重複しているものを除くと二十七点、これに『新編　岡崎市史17　美術工芸』に掲載されている三点を足した三十点を仮に全量と考え、以下の論考を進めていく。

このうち、武将の氏名が記述されている二十点を基に述べていきたいが、雑誌や論文に掲載された図で氏名判別が難しい二点は除き、十八点の「徳川十六将図」を対象として分析した。この十八点のうち、実に十三点は掲載された人物が完全一致する。奥出氏論考で紹介した『翁草』掲載の十六人である。

『翁草』仕様と違うパターン

『翁草』掲載と異なる五点の内訳は、守屋氏が独帥十六将図と呼んだ十六将図、和歌山県東照宮蔵（表1―1のNo.16）の十六将図、二十将図が二点、福井県運正寺蔵の十七将図の五点である。

第三節で述べたが、二十将図の二点は紀伊藩仕様である。同様に、福井県運正寺蔵の十七将図は福井藩仕様と考えるべきであろう。

和歌山県東照宮蔵の十六将図は蜂屋貞次の代わりに植村家政が選ばれている。

独帥十六将図は十六人中、七人しか一致していないユニークなもので、これについては後述したい（松平甚太郎については厳密には誰を指しているのか不明なので保留）。

すべての図に載る「神セブン」

独帥十六将図と一致する七人は、すべての十六将図に共通して描かれている。すなわち、徳川四天王の四人（酒井忠次、本多忠勝、榊原康政、井伊直政）と大久保忠世、鳥居元忠、平岩親吉の七人である。

この七人は天正《てんしょう》十八（一五九〇）年の小田原城攻めの際の「旗本七備」にほぼ一致している。違うのは、酒井忠次が二年前に隠居したので、嫡男・酒井家次《いえつぐ》が「旗本七備」を担っていたことだ。つまり、この七人は徳川家を代表する七将として選ばれたのであろう。

「弓箭柱」の内藤正成・高木清秀

内藤正成・高木清秀も同様に軍制で特別な地位にあったようだ。高木清秀は「天正十二年尾張国小牧御陣のとき、内藤四郎左衛門正成と共に御目付となり、諸卒を下知し、日々に敵地の形勢を窺ふ」という（『寛政重修諸家譜』）。また、小田原攻めでも家康麾下《きか》の旗本を取りまとめていたらしい。「此《この》両人ハ家康公御同前ノ具足《ぐそく》ヲ御免ナリ」（『徳川家康と其周囲』下巻）と記されており、特別待遇だったことを窺《うかが》わせる。

残りの六人の謎

「徳川十六将図」は掛軸型と横長の図の二通りに大別される（厳密にいえば、巻子装もあるが、一点しか見つかっていないようだ）。

横長の図は円形型に武将が配置され、中央部に描かれている方が偉いのか、上側に描かれている方が偉いのか、武将の序列を一概に判断できないが、掛軸型の場合は明瞭《めいりょう》である。上に描かれている方が偉い。二列の場合は左（向かって右）・右の順、三列の場合は中央・左・右の順であろう。

掛軸型の「徳川十六将図」で、武将名が判明しているものが十二点あるが、その順番はかなり似通っている。まず、松平甚太郎康忠が筆頭で、次いで「旗本七備」の七人（徳川四天王＋三人）、内藤・高木、以下六人という配置である。

松平甚太郎康忠＋「旗本七備」、そして内藤・高木。

では、それ以外の六人の顔ぶれはどのようなものだったのか。

武将の評価はその石高でおおよその判別がつく。徳川家臣団の石高は、天正十八（一五九〇）年に家康が関東に国替えになった時の石高が一番信用できるので、その時期の石高を一覧にした［表1―3］。

松平家忠《いえただ》（または康忠）と「旗本七備」の七人は一万石以上、そして内藤・高木が五〇〇〇石。それ以外の六人は、大久保忠佐と服部半蔵が五〇〇〇石、渡辺守綱が三〇〇〇石、米津常春《つねはる》の甥《おい》が五〇〇石、蜂屋貞次の孫が三〇〇石、鳥居忠広《ただひろ》に至っては子孫が大久保家に仕え、直臣ですらない。先述の通り、独帥十六将図は『翁草』仕様と半分しか一致していない。表に参考附記したが、高禄《こうろく》の武将が多い。十六将を選ぶのであれば、『翁草』仕様よりも独帥十六将図の方が得心がいく。

では、この六人はなぜ選ばれたのだろうか。

の石高

続柄	石高	
人	120000石	
人	100000石	
人	100000石	
人	45000石	
人	40000石	
子	40000石	徳川家康の四男
人	33000石	
	30000石	
子（孫）	30000石	
	20000石	
	20000石	
	20000石	
人	5000石	
子	5000石	酒井忠次の次男
	500石	
人	80000石	豊臣秀吉の家臣
人	5000石	
人	5000石	
人	5000石	
人	5000石	
人	3000石	
（孫）	500石	康勝は勝政の孫
子	300石	孫・可正は関ヶ原後に300石
	0石	子孫は大久保家に仕える

表１－３：掲載人物の関東入国時の石高

翁草版	独帥十六将図	関東入
		氏　名
井伊兵部大輔直政	井伊直政	井伊直政
榊原式部大輔康政	榊原康政	榊原康政
本多中務大輔忠勝	本多忠勝	本多忠勝
大久保七郎右衛門忠世	大久保忠世	大久保忠世
鳥居彦右衛門元忠	鳥居元忠	鳥居元忠
松平甚太郎家忠	東条松平家忠	東条松平忠吉
平岩主計頭親吉	平岩親吉	平岩親吉
酒井左衛門尉忠次	酒井忠次	酒井家次
	大須賀松平康高	大須賀松平忠政
	石川家成	石川康通
	本多康孝（広孝）	本多康重
	松井松平康親	松井松平康重
	藤井松平信一	藤井松平信一
	本多忠次	本多康俊
	植村家政	植村家次
	石川数正	石川数正（吉輝）
大久保治右衛門忠佐		大久保忠佐
内藤四郎左衛門正成		内藤正成
服部半蔵（正成）		服部正成
高木主水祐清秀		高木清秀
渡辺忠右衛門守綱		渡辺守綱
米津藤蔵（常春。実は勝政）		米津康勝
蜂屋半之丞貞次		蜂屋　某
鳥居四郎左衛門直忠（忠広）		ー

表1－4：残り6人の相関図

『寛政譜』＼記載	渡辺守綱	大久保忠佐	服部半蔵	蜂屋貞次	米津常春	鳥居忠広	内藤正成	高木清秀
渡辺守綱	＼	●	●	●	●		●	●
大久保忠佐	●	＼						
服部半蔵	●		＼					
蜂屋貞次	●			＼				
米津常春	●				＼			
鳥居忠広						＼		
内藤正成	●						＼	●
高木清秀							●	＼

※『寛政重修諸家譜』により作成。

そこで、『寛政重修諸家譜』における六人の記事を確認すると、面白い傾向が見て取れた。渡辺守綱の項には、鳥居四郎左衛門を除く四人が記述されている［表1―4］。

・米津常春　永禄五（一五六二）年、三《み》河《かわ》八《や》幡《はた》合戦でともに力戦する。

・蜂屋貞次　永禄六（一五六三）年、三河小《こ》坂《ざか》井《い》合戦で守綱の窮地を助ける。

・服部半蔵　永禄十二（一五六九）年、遠江《とおとうみ》懸《かけ》川《がわ》城攻めでともに城門まで接近する。

・大久保忠佐　天正十二（一五八四）年、長久手《ながくて》の戦いでともに首実検する。

同様に『寛政重修諸家譜』の米津等四人の項に渡辺守綱が記述されている。

つまり、「徳川十六将図」は渡辺守綱の目線で人選されていることがわかる。おそらく、「徳川十六将図」の初期バージョンは、守綱（もしくは守綱の関係者）が作成したのであろう。

ちなみに、渡辺守綱は晩年に尾《お》張《わり》藩に附けられた。先述した通り、「徳川二十将図」は紀州藩バージョンであり、「徳川十六将図」は尾張藩バージョンといえるだろう。

第五節　渡辺半蔵の目線だから解ける謎

キーマン・槍の半蔵

ここで、渡辺守綱について触れておこう。守綱は「槍《やり》の半蔵」と呼ばれた槍の名手で、三河一向一揆《いっこういっき》で一揆側についたが、一揆鎮圧後に赦《ゆる》されて復帰。「半蔵守綱は関原戦争、五十九歳になるまで、足軽頭であった。勇武絶倫というならば、それは個人的勇気であり、攻城野戦の名将でない」(『家康の臣僚　武将篇』)。「渡辺守綱は家康護衛の警備隊長的な役割をはたしていた」(『徳川家康家臣団の事典』)。晩年は嫡男とともに尾張藩に附けられ、子孫はその重臣となった。

守綱は大軍を指揮する部将(管理職)ではなく、自身が槍で武功を上げる兵卒(技能職)に近い。太平洋戦争でいえば、山本五十六《やまもといそろく》大将や栗林忠道《くりばやしただみち》中将ではなく、ゼロ戦のパイロット・坂井三郎《さかいさぶろう》中尉のような人物だ。

そのため、一般的な人選では元帥や大将などの名鑑になるところが、守綱の目線で選ばれた「徳川十六将」は、弓や槍の達人、あるいは自分とともに戦った戦友といった人選になっている。

『寛政重修諸家譜』で渡辺守綱の生涯を一覧してみると、要所要所で出てくる人物がそのまま「徳川十六将図」に描かれている。出てこないのは、松平甚太郎康忠、本多忠勝、井伊直政の三人しかいない。守綱が「徳川十六将図」作成の発注者であったならば、その絵を拡げて「その時、（蜂屋）半之丞が制してくれなかったら、ワシは命を落としていただろう」等と武勇伝を語り、悦に入っていたに違いない［表1―5］。

そして、守綱目線で見てみると、「徳川十六将図」の謎が解けるのである。

なぜ鳥居四郎左衛門なのか

『寛政重修諸家譜』の守綱の項に鳥居四郎左衛門は書かれていない。『寛政重修諸家譜』に四郎左衛門は掲載されているものの、左記のくだりしか記述がなく、ともに戦った人物などの情報が一切書かれていない。

東照宮（家康）に奉仕し、軍監となり、戦場に臨むごと功をあらはす《わ》。元亀三年十二月二十二日三方原の合戦に斥候をうけたまはり、武田家の軍将土屋《つちや》右衛門《うえもん》直村《なおむら》が陣にむかひ、新井本坂にをいて其軍を敗り、たゞちに直村が冑を砕く。直村馬よりおつ。時に敵兵襲ひ来り、終にこれがためにうたる。法名宗鑑。三河国法蔵寺に葬る。子孫大久保加賀守忠職《ただもと》が家臣となる。

『寛政重修諸家譜』には掲載されていないが、三方原《みかたがはら》の合戦で「家康は、鳥居忠広に斥候させ、ついで渡辺守綱に斥候させたが、共に攻撃すべからず、と報告した」（『戦国戦記　三方原之戦』）。つまり、三方原の開戦に否定的な立場を取った守綱自身と鳥居四郎左衛門を顕彰する意味があったのだろう。

松平甚太郎康忠は誰か？

掛軸型の「徳川十六将図」で筆頭に描かれているのは、松平甚太郎康忠である。しかし、徳川家臣団に松平甚太郎康忠という人物は存在しない。それが十六将図の大きな特徴ともいえる。おそらく初期の頃に作成された十六将図で誤った名前が描かれ、それが後に踏襲されていったのであろう。一体、誰と間違えてしまったのか。そして、間違ってしまうほどマイナーな人物が、なぜ掛け軸の上座に鎮座しているのか。

一つ目の疑問、松平甚太郎康忠は一体誰なのかであるが、似た名前の人物が二人いるので、そのいずれかを誤記したのだと思われる。

川家臣団に関する記事	徳川十六将
酒井忠次が撤退する。	酒井忠次
守綱は石川新九郎・新七郎とともに退く。	
守綱は負傷した矢田作十郎を助ける。	
米津藤蔵常春が塚の陰で敵を待ち伏せしていたが、 守綱は米津に比べて若年なので打って出る。	米津浄心入道
守綱は負傷した近藤伝次郎を助ける。	
蜂屋半之丞、先走る守綱を制する。	蜂屋半之丞
一揆勢に加わる（が、義弟・平岩親吉の取り成しで赦される）。	(平岩親吉)
守綱は服部半蔵、高見弥平次等と寄せ手で踏みとどまる。	服部半蔵
守綱は榊原康政・大須賀康高・鳥居元忠等と敵船の攻撃を防ぐ。	榊原康政 鳥居元忠
守綱、内藤正成とともに奮戦する。	内藤正成
守綱、本多正重とともに奮戦する。	
守綱、弟・渡辺政綱とともに奮戦する。	
守綱は（鳥居忠広と同様に）斥候として合戦中止を進言するが、 大久保忠世・柴田康忠に反対される。 守綱、石川数正、弟・渡辺政綱等とともに奮戦する。 鳥居元忠、浜松城の玄黙口を守る。	大久保忠世 (鳥居忠広)
守綱、弟・渡辺政綱とともに奮戦する。	
守綱、弟・渡辺政綱とともに奮戦する。	
守綱、内藤正成・高木清秀とともに敵への追撃を進言する。 守綱、大久保忠佐とともに首実検、味方の評定を行う。	高木性順入道 内藤正成 大久保忠佐
守綱、大久保忠佐とともに制法を沙汰する。	大久保忠佐

コ書きの記述は他書により補記した。

表１－５：渡辺半蔵守綱の人生

年　月	合戦
永禄元年	尾張国石瀬合戦
永禄４年８月	三河国長沢城攻め
永禄５年３月	三河国八幡合戦
	三河国小坂井合戦
永禄６年	三河国吉田城攻め
永禄７年	三河一向一揆
永禄１２年１月	遠江国懸川城攻め
永禄１２年３月	遠江国懸川城攻め
元亀元年４月	越前国金ケ崎の殿
元亀元年６月	姉川の合戦
元亀３年	遠江国一言坂の合
元亀３年１２月	三方原の合戦
天正２年９月	遠江国天龍川の合
天正３年５月	長篠の合戦
	駿河国田中城攻め
	遠江国天方城攻め
	遠江国犬居城攻め
天正１２年４月	長久手の合戦
	尾張国黒田城防戦
天正１８年	小田原合戦
天正１９年	陸奥国九戸一揆鎮
文禄元年	朝鮮出兵名護屋在
慶長５年９月	関ヶ原の合戦
慶長１９年	大坂の陣

※『寛政重修諸家譜』により作成。た

・松平甚太郎家忠（一五五六～一五八一）東条《とうじょう》松平家
・松平源七郎康忠（一五四五～一六〇三）長沢《ながさわ》松平家

では、通称名が合っている東条松平甚太郎家忠か、諱《いみな》が合っている長沢松平源《げん》七郎《しちろう》康忠のどちらが十六将としてふさわしいだろうか。

名前から考えれば前者であろう。明治以前、武士は互いを通称名で呼んでおり、諱を正しく認識していない事例があるからだ。西郷吉之《さいごうきちの》助《すけ》が知人に戸籍の登録を依頼したところ、本人の諱「隆永《たかなが》」ではなく、誤って父「隆盛《たかもり》」の諱で登録したことは有名である。

ところが、多くの書籍では後者を採用している。なぜかといえば、少々穿《うが》った見方ではあるが、『寛政重修諸家譜』に長沢松平源七郎康忠の経歴は載っているが、東条松平甚太郎家忠のそれが載っていないからだと思われる。どのような人物かを書こうにも、家忠の場合は史料に乏しくて書きようがないから、康忠を選んでしまうのだ。

特別だった東条松平家

二つ目の疑問。長沢松平源七郎康忠、東条松平甚太郎家忠ともに、徳川家臣団を代表する武将ではない。ではなぜ、その人物が掛け軸の上座に鎮座しているのか。

家康の旧姓は松平であり、この二人は家康と同族である。しかし、松平家は主立った家だけでも十四家(十四松平家)あり、この二人が特別なわけではない。第二部第一章で後述するが、家康は松平家を一門衆として遇していない。

しかし、渡辺守綱の目から見ると、東条松平家は特別な家系なのである。

守綱は晩年尾張徳川家臣に附けられる。尾張藩の藩祖・**徳川義直**《よしなお》(一六〇〇~五〇)は家康の九男だが、義直以前に、家康の四男・**松平薩摩守忠吉**《さつまのかみただよし》(初名・忠康《ただやす》)がその座にあった。忠吉が嗣子なきまま死去してしまったので、その後継者として義直が配置されたのだ。そして、この忠吉が東条松平家の**松平甚太郎家忠**の養子なのだ(そのため、忠吉の家臣団では「甚太郎衆」という東条松平家以来の一群が中核を担っており、尾張藩にも継承されている)。

尾張藩士・渡辺家としては、主《あるじ》の徳川義直を十六将の一人に選びたいところだが、関ヶ原の合戦後に生まれた義直を選ぶ訳にはいかない。そうなると、先代にあたる忠吉、もしくはそのまた先代にあたる家忠を選ぶ他ないのである。

実は四男・忠吉ではないか

「徳川十六将図」や錦絵《にしきえ》の中には、松平甚太郎康忠について「薩摩守忠吉ト改《あらたむ》」と注意書きするものも存在する［図1―3］。

忠吉は幼名を福松丸《ふくまつまる》といい、系図類では通称名（甚太郎）を名乗らず、いきなり官途（下野守《しもつけのかみ》）を名乗ったとされている（『徳川諸家系譜』所収の「幕府祚胤伝《そいんでん》」および「徳川幕府家譜」）。

ところが、尾張藩士の系譜を集めた『士林泝洄《しりんそかい》』の西郷喜三郎政家《きさぶろうまさいえ》の項に「松平甚太郎家忠卒、嗣無く、福松君其家を継ぎ、甚太郎と改む」（原文は漢文）というくだりがある。ここで重要なことは、実際に名乗ったか否かではなく、そうした認識があったかどうかである。認識されていれば、「十六将図」に書かれていても不思議ではないからだ。

つまり、松平忠吉は旧名が松平甚太郎忠康で、松平甚太郎康忠とは、忠吉の誤記である可能性があるのだ。

なぜ石川一族が選ばれていないのか

「徳川十六将図」の上座には、松平甚太郎康忠と並んで酒井忠次が掲げられているが、この忠次に比肩する徳川家臣団の名門が石川家である。

永禄十（一五六七）年頃に制定された軍制「三備《みつぞなえ》」では、東の旗頭に酒井忠次、西の旗頭に石川家成《いえなり》が選ばれた。遠江懸川城が陥落すると、家康は石川家成をその城主として、西の旗頭を家成の甥・石川数正に代えた。数正は秀吉《ひでよし》の許《もと》に出奔してしまったため、十六将に選ばれないのは仕方がないが、石川家成は選ばれて然《しか》るべきである。

ではなぜ、石川家は「徳川十六将図」に選ばれていないのか。それも渡辺守綱の視点から見ると理解できる。

永禄六（一五六三）年に起こった三河一向一揆。渡辺家は守綱も含め、一族すべてが一揆方について、家康に叛旗《はんき》を翻した。

翌永禄七年に一揆は鎮圧され、家康の親友・平岩親吉が取りなしたこともあって守綱は赦された。しかし、父・高綱《たかつな》は討ち死に、一族の多くは帰参を赦されずに追放された。のちに帰参したものの、本多忠勝の与力にされるなど、直臣の扱いを受けられなかった。家康は一部の能力のある家臣を除き、一揆に加担した家臣を終生赦さなかったのである。

三河で一向宗を広めるにあたって、その中心的な役割を担ったのが石川家である。

図１－３：松平甚太郎康忠を忠吉の旧名とする図

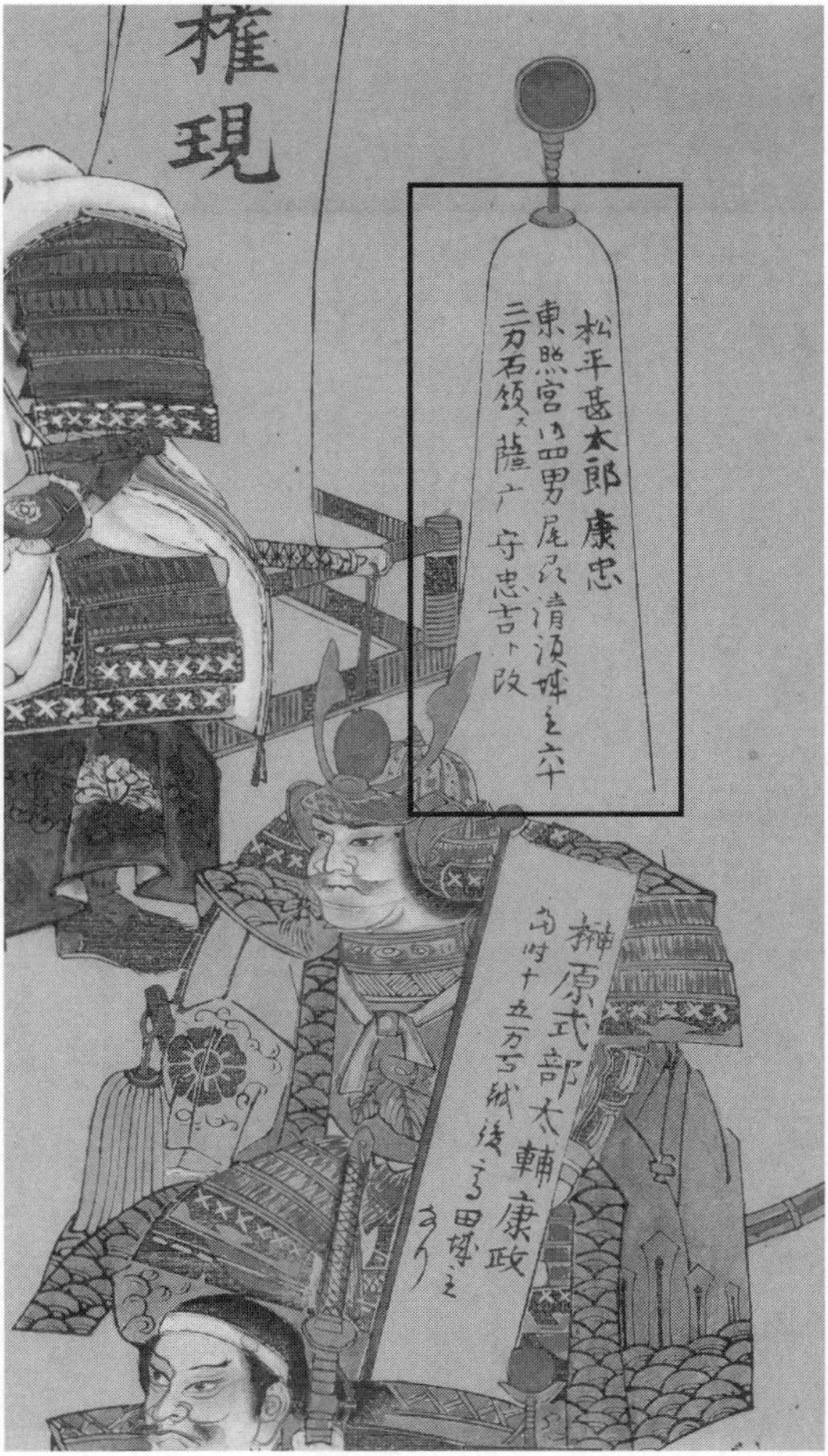

個人蔵

『寛政重修諸家譜』によれば、石川家の先祖は下野国小山《しもつけのくにおやま》（栃木県小山市）に住み、小山下野権守政康《ごんのかみまさやす》は本願寺《ほんがんじ》蓮誉（蓮如《れんにょ》の誤りか？）が下野国に一向宗を広めに来た時、その指示を受けて三河国に赴き、三河国碧海《あおみ》郡小川《おがわ》村に移り住み、石川に復姓。家康の先祖・松平親忠《ちかただ》に請われ、三男・石川源三郎親康《げんざぶろうちかやす》が安城《あんじょう》松平家の家老となったという。

ところが、三河一向一揆が起こると、石川一族は宗教を捨て、主家・徳川家についてしまった。渡辺家とは逆の選択をしたのである。その結果、石川家は徳川家臣団の重臣としての地位を確かなものにした。渡辺家としては面白かろうはずがない。そのため、石川家の人間を十六将に加えなかったのだろう。

第二章　徳川家臣団の歴史

第一節　三河統一まで――国人領主の私兵頼み

人質生活から三河統一へ

ここでは家康《いえやす》の一生をなぞりながら、徳川《とくがわ》家の家臣団構成について概略をまとめていこう。

徳川家康（一五四二～一六一六）は天文《てんぶん》十一（一五四二）年に三《み》河岡崎《かわおかざき》城主・松平次郎三郎《まつだいらじろうさぶろう》広忠《ひろただ》（一五二六？～四九）の嫡男として生まれた。幼名は竹千代《たけちよ》（本書での表記は家康で統一する）。

松平家は東に駿河《するが》の今川《いまがわ》家、西に尾張《おわり》の織田《おだ》家に挟まれ、弱小領主の悲哀を味わった。

天文十六（一五四七）年八月、家康は今川家の人質として護送される途中、三河田原《たはら》城主・戸田康光《とだやすみつ》の裏切りに遭い、織田家の人質となる。天文十八（一五四九）年十一月、今川・織田家の人質交換が成立し、家康は織田家から今川家の人質となり、駿河に送られた。

天文二十四(一五五五)年三月、家康は十四歳で元服して松平次郎三郎元信《もとのぶ》と名乗り、弘治《こうじ》三(一五五七)年頃に松平蔵人佐元康《くろうどのすけもとやす》と改名した。

永禄《えいろく》三(一五六〇)年五月、桶狭間《おけはざま》の合戦で今川義元《よしもと》が討ち死にし、家康は岡崎城に戻り、尾三国境付近で織田家と戦闘を繰り返した。翌永禄四年頃、家康は織田信長《のぶなが》と同盟を結んだ(年次については諸説あり)。その頃から、家康は一転して三河南部(現在の西尾市《にしお》から蒲郡市《がまごおり》近辺)の反対勢力を一掃していった。なお、永禄六(一五六三)年七月、松平元康は「家康」と改名している(従来説では今川家との訣別《けつべつ》と解釈されているが、筆者は継父・久松長家《ひさまつながいえ》の徳川家臣団内部における地位向上を狙って偏諱《へんき》をもらったと考えている。長家はのちに俊勝《としかつ》と改名した)。

永禄六年秋、岡崎・安城《あんじょう》を中心とした西三河で大規模な一向一揆《いっこういっき》が起こった(三河一向一揆)。家臣の多くが一揆勢に加わり、家康は苦戦を強いられたが、翌永禄七年二月に鎮圧した。なお、家康は、本多佐渡守正信《ほんださどのかみまさのぶ》や渡辺半蔵守綱《わたなべはんぞうもりつな》などごく一部の例外を除いて、一揆に参加した者の再出仕をほとんど認めなかった。

永禄八年三月に東三河の今川拠点・吉田《よしだ》城(愛知県豊橋《とよはし》市今橋《いまはし》町)、田原城(愛知県田原市田原)を攻め落とし、三河統一を果たした。永禄九(一五六六)年十二月、家康は松平から徳川に改姓、従五位下《じゅごいのげ》三河守に叙任された。

桶狭間後の三河平定

桶狭間の合戦後、家康は岡崎城を本拠として三河の制圧に着手。永禄四（一五六一）年、家康は諸将を動員して三河各地で反対勢力の一掃を図った。

家康は深溝《ふこうず》松平大炊助好景《おおいのすけよしかげ》に命じて、中島《なかじま》城（岡崎市中島町）の板倉弾正重定《いたくらだんじょうしげさだ》（のちの京都所司代・板倉勝重《かつしげ》の叔父《おじ》）を攻め、板倉を敗走させた。

また、重臣・酒井政家《さかいまさいえ》（一般には正親《まさちか》）を差し向けて西条《さいじょう》城を攻め落とした。酒井政家が城代となり、西尾城と名を改めた。西条城が陥落すると、家康はただちに土井《どい》城主・本多豊《ぶん》後守広孝《ごのかみひろたか》、東条《とうじょう》松平家の家老・松井左近忠次《まついさこんただつぐ》（後の松井松平周防守《すおうのかみ》）等に東条城攻めを命じた。九月頃に城主・吉良義昭《きらよしあきら》が逃亡し、東条城も陥落。西三河をほぼ制圧した。

一方、家康は東三河の国人領主に対して今川家からの離反を勧め、四月頃には一斉に家康に帰属した。

永禄四年八月に家康は藤井《ふじい》松平勘四郎信一《かんしろうのぶかず》、長沢《ながさわ》松平上野介康忠《こうずけのすけやすただ》、石川日向守家成《いしかわひゅうがのかみいえなり》らに命じて、今川家の城代・糟谷善兵衛《かすやぜんべえ》らが守る長沢の鳥屋ヶ根《とやがね》城（愛知県豊川《とよかわ》市長沢）を攻めさせ、これを攻め落とした。

次いで、家康は竹谷《たけのや》松平備後守清善《びんごのかみきよよし》に命じて、西郡上之郷城《にしのこおりかみのごう》（愛知県蒲郡市）の鵜殿藤太郎長照《うどのとうたろうながてる》を攻めさせ、永禄五（一五六二）年二月には自ら兵を率い、松井忠次、久松長家を先鋒《せんぽう》として西郡上之郷城を攻めた。鵜殿長照と弟・藤助長忠《とうすけながただ》は討ち死にし、長照の子・鵜殿三郎四郎氏長《さぶろうしろううじなが》、孫四郎氏次《まごしろううじつぐ》を捕虜とした。

家康は戦功を賞して、継父・久松長家に西郡上之郷城を与えたが、長家は於大《おだい》の方（家康の母）と岡崎城に留《とど》まることを選び、嫡男・久松太郎三郎勝元《たろうさぶろうかつもと》（のちの康元《やすもと》）を西郡上之郷城に置いた（長家の庶長子・久松弥九郎定員《やくろうさだかず》を置いたという説もある）。

家康は誰を差し向けたのか

三河平定にあたり、家康の用兵にはある特徴が見られる。

①主に岡崎の南方を主戦場として、その近くを拠点とする武将を派遣していること。

②松平一族の起用が目立っていること。

③戦功に報いた宛行状《あてがいじょう》を数多く発給していること。

［主戦場］	［軍の主力］
・中島城（岡崎市）	深溝《ふこうず》松平家
・西条城（西尾市）	重臣・酒井政家

・東条城（西尾市）　重臣・本多広孝、東条松平家（当主幼少のため、松井忠次）
・鳥屋ヶ根城（豊川市）　藤井松平家、長沢松平家、重臣・石川家成
・西郡上之郷城（蒲郡市）　竹谷松平家、東条松平家（家老・松井忠次代行）、久松家

家康は、松平一族の中でも従属度の高い家、比較的親密な家に軍事行動を要請し、奪った敵地を恩賞として宛行《あてが》うことで、主従関係を明確にしたのであろう。

また、岡崎家臣団の中では、酒井政家（正親）、本多広孝、石川家成ら重臣が派遣されている。のちに「徳川四天王」と呼ばれる本多忠勝《ただかつ》、榊原康政《さかきばらやすまさ》などは、まだ兵士であって指揮官ではなかった。かれらは若かったからではなく、小領主の子に過ぎなかったため、指揮官たりえなかったのだ。

つまり、この時期の家康軍は、部将の個人的な動員能力を前提としたもので、指揮官には国人領主およびそれに匹敵するだけの軍勢を持つ者しか任命することができなかったと思われる。

第二節　三河統一後――軍制改革「三備」

「三備」は画期的な軍制か？

永禄十（一五六七）年十一月二十七日、家康は「三備《みつぞなえ》」と呼ばれる軍制改革を実施した（日付は『徳川家康と其周囲』による）。有力家臣を東の酒井忠次と西の石川家成を旗頭とする二組に編成し、さらに家康直轄の旗本備を置いたのである。

新行紀一《しんぎようのりかず》氏は次のように評価している。「この編成は譜代上層の酒井・石川氏を最高の寄親とする二組に、一族・譜代・国衆を分属させた画期的なものとされている（北島正元『江戸幕府の権力構造』一章五節）。画期的というのは、一般に戦国大名の軍事編成は主将の一族（支城主など）が単位戦闘集団の長になるのが通例であるのにたいし、この二組の編成は譜代家臣を旗頭（寄親）としているからである。

もっともこのような形になったのは家康をめぐる血縁関係の特殊性によるところが大きかったとみられる。（中略）祖父清康の妹碓井《うすい》姫を室とする酒井忠次と母於大の妹の子家成が、準一門として旗頭の地位についたと理解することは可能である」（『新編　岡崎市史2　中世』。引用者が適宜改行）。

ただし、徳川家臣団は松平一族を「松平国衆」（＝松平姓を名乗る国衆）と考え、他家でいうところの「一門衆」とは認識していなかったようだ。したがって、北島氏が語る意味での画期的な編成とはいいがたい。

また、永禄十二（一五六九）年に石川家成が懸川城《かけがわ》（静岡県掛川市）の城主に登用されると、西の旗頭は甥の石川数正《かずまさ》に譲られている。数正の父は庶腹で、家康と血縁関係が無いので準一門と見ることはできない。

三河譜代は「安城譜代」「山中譜代《やまなか》」「岡崎譜代」の三グループから構成されている（『徳川家臣団の謎』）。東西の旗頭は、単純に岡崎譜代のトップ・酒井忠次、安城譜代のトップ・石川家成を任じただけだと思われる（ちなみに、家康は敵の拠点を叩《たた》くと、その城に三グループのトップを置いている。すなわち、西条城（西尾城）に山中譜代の酒井政家、吉田城に岡崎譜代の酒井忠次、懸川城に安城譜代の石川家成である）。

東西の旗頭

ここで、三備がどのような陣容であったか見ていこう。

よく引用されるのが、『松平記』の「三州遠州両国御手未入時《いらざる》被仰付候《おおせつけられそうろう》」という記事で、「酒井左衛門尉《さえもんのじょう》（忠次）与《くみ》」として十五人の武将、「石川伯耆守《ほうきのかみ》（数正）与」として十一人の武将を掲げて「右二組御先手也。御旗本と合三備《あわせ》也」と記し、旗本の「一手役之衆」の五人、および「城持衆」の七人を載せている［表1—6、図1—4］。

実際には、永禄十（一五六七）年頃のものではなく、元亀《げんき》元（一五七〇）年姉川《あねがわ》の合戦の陣容を記したものらしい。姉川の合戦で「家康は、軍を四隊に分ち、先隊は酒井左衛門尉忠次、（中略）第二隊は、高天神の小笠原与八郎長忠《おがさわらよはちろうながただ》を初め、（中略）第三隊は、石川伯耆守数正、（中略）本陣は家康」（『徳川家康と其周囲』）という布陣だった。

『松平記』でその先隊を酒井忠次の組、第三隊を石川数正の組、本陣の部将を旗本の「一手役之衆」として記し、それが三備と紹介されていったのが実態だと思われる。

そのため、東の酒井組下のメンバーと西の石川組下のメンバーを比べると、前者の兵力が後者の倍近く感じられ、著しく不均衡である（『徳川家臣団の謎』）。これは酒井組が姉川の合戦の先鋒だったからだろう。

ただし、新行氏は「形原《かたのはら》松平の家信《いえのぶ》の場合でいえば天正三年の長篠合戦、同一〇年の甲斐《かい》出陣、同一八年の小田原攻めのいずれにも酒井忠次の組下で出陣したとあり（『形原松平記』）、深溝《ふこうず》松平の家忠も忠次組下として天正一八年に至っているので、家康軍団の編成の基本となって五か国領有時代まで続いていたことが知られよう」と指摘。『松平記』に記された三備陣容が姉川の合戦だけの一時的な陣容ではなく、恒常的な陣容であったと考察している

表1－6：三備のメンバー

居城		年齢	謡	十六将	区分	居住地
	酒井左衛門尉(忠次)与	42歳		●		
桜井城	松平(桜井)内膳(忠正)	25歳	○		一門	安城市桜井町
形原城	松平(形原)又八(家忠)	21歳	○		一門	蒲郡市形原町
長沢城	松平(長沢)源七郎(康忠)	22歳	○		一門	豊川市長沢町
五井城	松平(五井)外記(景忠)	28歳	○		一門	蒲郡市五井町
竹谷城	松平(竹谷)玄春(清宗)	31歳	○		一門	蒲郡市竹谷町
深溝城	松平(深溝)主殿助(伊忠)	32歳	○		一門	額田郡幸田町深溝
福釜城	松平(福釜)右京(親俊)				一門	安城市福釜町
蒲形城	鵜殿八郎三郎		○		国衆	蒲郡市蒲郡町
月ヶ谷城	西郷新太郎(清員)	36歳	○		国衆	豊橋市嵩山町
大坪城	設楽甚三郎(定道)	35歳	○		国衆	新城市川路
二連木城	松平(戸田)丹波守(康長)		○		国衆	豊橋市仁連木町
野田城	菅沼新八(定盈)	27歳	○		国衆	新城市豊島
伊奈城	本多彦八(忠次)	21歳	○		国衆	豊川市小坂井町
亀山城	奥平九八郎(貞能)		○		国衆	新城市作手清岳
牛久保城	牧野新次郎(康成)	14歳	○		国衆	豊川市牛久保町
	石川伯耆守(数正)与					
大給城	松平(大給)和泉守(真乗)	23歳	○		一門	豊田市大内町
藤井城	松平(藤井)勘四郎(信一)	30歳			一門	安城市藤井町
鴛鴨	松平(鴛鴨)宮内少輔(忠直)				一門?	豊田市鴛鴨町
佐々木	松平(佐々木)三蔵(忠就)				一門?	岡崎市上佐々木町
足助	鈴木喜三郎(重顕)		○		国衆	豊田市足助町
小原	鈴木越中守(重愛)		○		国衆	豊田市小原町
西尾城	酒井与四郎(重忠)	20歳			譜代	西尾市錦城町
西尾城	酒井与七(忠利)	10歳			譜代	(同上)
上野	内藤喜市(家長)	23歳			譜代	豊田市上郷町
坂崎	平岩七之助(親吉)	27歳		●	譜代	額田郡幸田町坂崎
矢作	嶋田平蔵				譜代?	岡崎市明大寺町
	一手役之衆(＝旗本衆)					
東条城	松平(東条)甚太郎(家忠)	13歳	○	●	一門	
土井→田原	本多豊後守(広孝)	42歳	○		国衆?	
渡	鳥居彦右衛門(元忠)	30歳		●	譜代	
洞	本多中務少輔(忠勝)	21歳		●	譜代	
上野→丸山	榊原式部少輔(康政)	21歳		●	譜代	
	城持衆					備考
吉良城主	酒井雅楽頭(正親)	48歳			譜代	1558年より在番
田原城主	本多豊後守(広孝)	42歳	○		国衆?	1564年より在番
吉田城主	酒井左衛門尉(忠次)	42歳			譜代	1564年より在番
久野城主	久野三郎左衛門(宗能)				国衆	1568年より在番
懸川城主	石川日向守(家成)	35歳			譜代	1569年より在番
諏訪原城主	松平(松井)周防守(康親)	48歳			国衆?	1575年より在番
馬伏塚城主	大須賀五郎左衛門(康高)	41歳			譜代	1578年より在番

出典:『松平記』の「三州遠州両国御手未入時被仰付候」より作成。
註　:「謡」は『松平記』の「正月二日夜御謡初座敷次第」で座を与えられている人物。

（『新編　岡崎市史2　中世』）。

旗本「一手役之衆」

「三備」の真骨頂は、東西の旗頭ではなく、旗本軍の編成にある。

『松平記』には旗本「一手役之衆」として、東条松平家忠・本多広孝・鳥居《とりい》元忠《もとただ》・本多忠勝・榊原康政を載せているが、その後に「其後之組頭衆《そのごのくみがしらしゅう》　此衆番《このしゅうばん》に替り京伏見へ一組宛《ずつ》被レ参候《さんじられそうろう》」として、井伊《いい》直政《なおまさ》・本多忠勝・榊原康政・平岩親吉《ひらいわちかよし》・石川康通《やすみち》（石川家成の子）を掲げている［表1—7］。

このうち、前者の東条松平家忠・本多広孝は国衆に該当するので、旗本「一手役之衆」にはふさわしくない。先述した通り、『松平記』が「三備」として紹介しているのは、姉川の合戦の陣容なので、この両名は姉川の合戦の時に旗本の部将だったというに過ぎない（たとえば、本多広孝は長篠《ながしの》合戦で酒井忠次と同様に鳶ケ《とびが》巣山砦《すやまとりで》奇襲部隊であった）。

一方、後者は、在京頻度が高くなった家康の護衛として、五つの組番が設けられ、その護衛隊長であり、「一手役之衆」とほぼ一致しているとみてよいのではないか。

本多忠勝を例に挙げると、永禄九（一五六六）年に五十二騎（一説に五十五）の与力を付けられ、「雑兵を入れると五〇〇人ていどの兵力となるから、有力な国人領主なみの軍団」を

図１−４：三備の武将配置

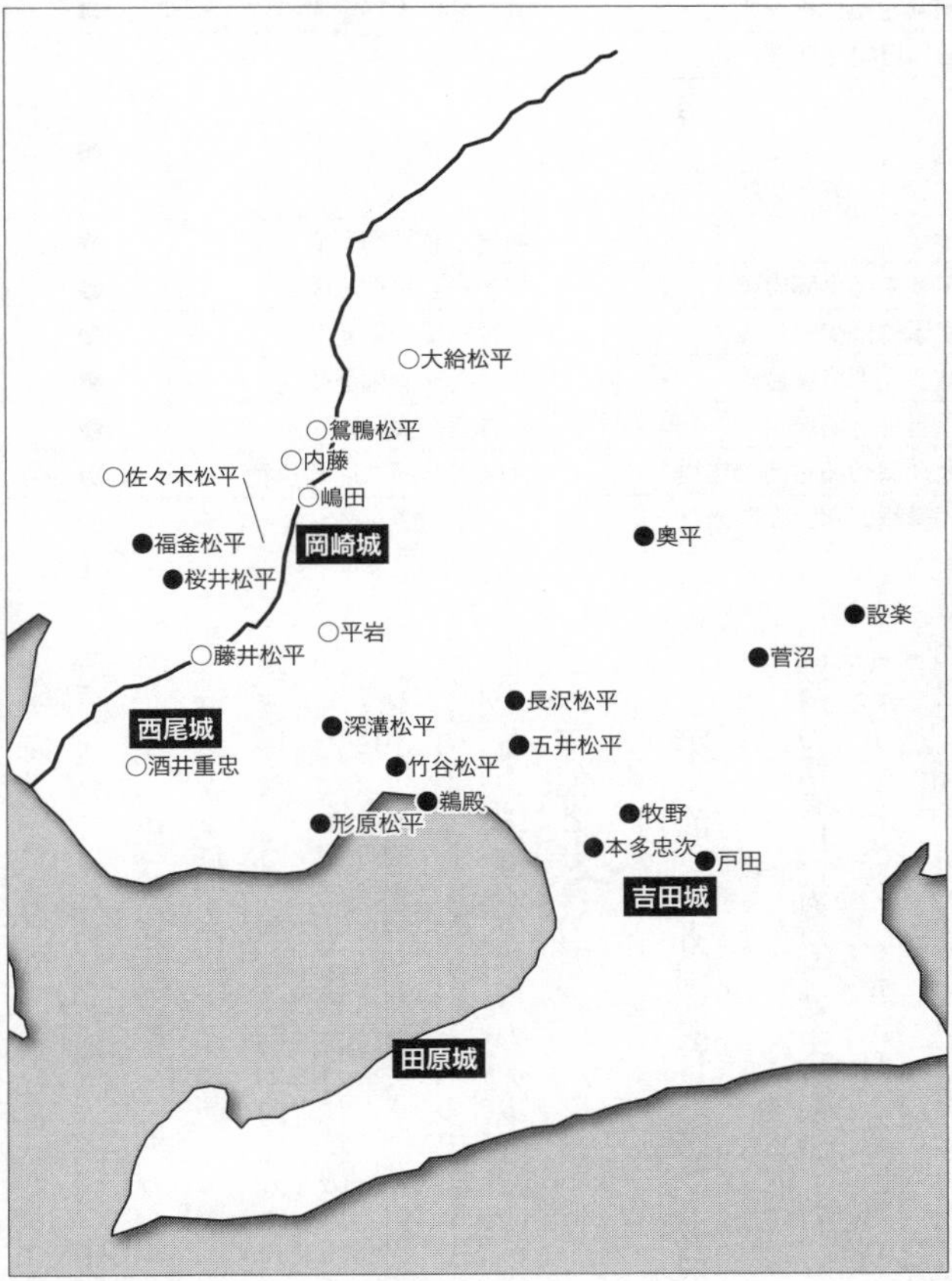

“●”は酒井組下、“○”は石川組下を示す。

	八備:天正13年	七備:天正18年	十六将
→	酒井左衛門尉忠次	酒井宮内大輔家次	●
→	石川日向守家成		
			●
→		鳥居彦右衛門元忠	●
→	本多中務少輔忠勝	本多中務少輔忠勝	●
→	榊原式部少輔康政	榊原式部少輔康政	●
→	井伊兵部少輔直政	井伊兵部少輔直政	●
→	平岩主計頭親吉	平岩主計頭親吉	●
	大久保七郎右衛門忠世	大久保七郎右衛門忠世	●
	大須賀五郎左衛門康高		

任されるようになった(『戦国時代の徳川氏』)。

ここでいう「与力(寄騎《よりき》)」とは、戦国大名(家康)の直臣(直属の家臣)でありながら、軍事指揮権を上級家臣(本多忠勝)に委《ゆだ》ねている下級家臣をいう。戦国大名の直臣同士が、軍事上、あたかも主従関係のように編成されることを「寄親《よりおや》・寄子《よりこ》制」という。「三備」改革は、小領主の子でしかなかった本多忠勝・榊原康政らを、有力国人領主並みの一軍の将に抜擢《ばってき》することを可能としたのだ。

第三節　五カ国領有——城主倍増の時代

駿河の領有にともなう城主抜擢

天正《てんしょう》九(一五八一)年三月、家康は高天神城《たかてんじん》(静岡県掛川市)を攻め落とし、ついに遠江《とおとうみ》の平

表1－7：軍制の変遷

三備	永禄10年頃	のち
御先手組／東	酒井左衛門尉(忠次)	酒井左衛門尉(忠次)
御先手組／西	石川日向守(家成)	石川伯耆守(数正)
御旗本		石川長門守(康通)
	松平甚太郎(家忠)	
	本多豊後守(広孝)	
	鳥居彦右衛門(元忠)	
	本多中務大輔(忠勝)	本多中務大輔(忠勝)
	榊原式部大輔(康政)	榊原式部大輔(康政)
		井伊兵部少輔(直政)
		平岩主計頭(親吉)

定に成功した。翌天正十年二月、織田信長《おだのぶなが》は甲斐武田《たけだ》家の討伐を企図して出兵。家康も駿河に侵攻し、田中《たなか》城を攻め落とした。同天正十年三月、武田勝頼《かつより》は天目山麓《てんもくさんろく》の田野《たの》（山梨県甲州市）で自害し、武田家は滅んだ。武田領国の甲斐・信濃《しなの》・上野《こうずけ》・駿河等は織田部将に分割支配され、家康は駿河（静岡県東部）を与えられた。

後述するように、本能寺《ほんのうじ》の変後に家康は甲斐・信濃に侵攻。その最中《さなか》の天正十年七月、家康は駿河の各拠点に家臣を置き、隣国・小田原《おだわら》北条《ほうじょう》家への備えを取った［表1―8］。

表は北条家に隣接する東側から順に記載しているが、強気でうなる松井松平忠次、牧野康成《まきのやすなり》とその家臣・稲垣長茂《いながきながしげ》を最前線に配置しており、完全な戦闘態勢である。国衆が多いのは、私兵が多いから、与力を編成する必要が少なく、急拵《ごしら》えであることがうかがえる。最重要拠点である駿府《すんぷ》城は、家康の異母弟の説がある内藤信《ないとうのぶ》成《なり》。また、三河譜代の中から年長組の高力清長《こうりききよなが》を田中城に置いたのだろう。

甲斐・信濃侵攻にともなう城主抜擢

天正十年五月、家康は信長の饗応《きょうおう》を受けるために上洛。六月に本能寺の変が起こり、堺《さかい》遊覧中の家康一行は「神君伊賀越え」を敢行して岡崎に戻った。供をした従者は二十五人、小性が十二人、計三十七人だったと伝えられる（『徳川家康と其周囲』）［表1―9］。逃げ戻った家康は、信長の弔い合戦に西上するが、その途中に山崎の合戦の報を聞き、一転して甲斐・信濃に侵攻した。

一方、同地の領有を目論《もくろ》む小田原北条家は、北条氏直《うじなお》率いる軍が上野（群馬県）から信濃国小県郡海野《ちいさがたぐんうんの》（長野県東御《とうみ》市）を経由して甲斐に入った。かくして、北条軍二万（一説に四万）と徳川軍一万が甲斐国若《わか》神子《みこ》（山梨県北杜《ほくと》市）で対陣した。

ここで、北条軍は小田原から甲斐の郡内地方（山梨県都留《つる》市付近）に別働隊を派遣し、徳川軍の背後を突こうとしたが、それを察知した鳥居元忠が反撃して黒駒《くろこま》の合戦が起こり、北

備考
ち子の松井松平康重に交代
ち牧野康成に交代
ち竹谷松平清宗に交代
説に家康の異母弟
ち本多重次に交代

表1－8：駿河の拠点配置

城	現在地	部将	年齢	区分
三枚橋城	静岡県沼津市	松井松平忠次	62歳	三河国衆？
長窪城	静岡県駿東郡	稲垣長茂	44歳	牧野家家臣
興国寺城	静岡県沼津市	牧野康成	28歳	三河国衆
深沢城	静岡県御殿場市	三宅康貞	39歳	三河国衆
駿府城	静岡県静岡市	内藤信成	38歳	譜代
江尻城	静岡県静岡市	穴山梅雪	42歳	武田親族衆
田中城	静岡県藤枝市	高力清長	53歳	譜代

出典:『徳川家康と其周囲』などより作成。

条軍三〇〇余人を討ち取る勝利を挙げた。この戦いで北条軍の戦意は一気に喪失。さらに北条方に帰属していた真田《さなだ》安房《あわの》守昌幸《かみまさゆき》（幸村《ゆきむら》の父）が離反して徳川軍に降り、戦線は膠着。家康は氏直と和議を結び、北条軍が占領していた信濃国佐久《さく》郡と甲斐国都留郡を徳川家に割譲する代わりに、上野国の北条家領有を認めた。家康は甲斐および佐久郡以南の信濃国を領土に加えることに成功した。

家康は甲府郡代に平岩親吉を据え、郡内地方を鳥居元忠に与え、成瀬《なるせ》正一《まさかず》、日下部《くさかべ》定好《さだよし》を甲斐奉行とした。信濃佐久郡を大久保《おおくぼ》忠世《ただよ》に与え、柴田《しばた》康忠《やすただ》、菅沼《すがぬま》定利《さだとし》を副《そ》えた。

駿河の部将配置が物語るように、家康は小田原北条家を仮想敵国と考えていた。小田原から家康の領国に入るルートはいくつか考えられるが、伊豆《いず》から駿河沼津《ぬまづ》に入るルートと、小田原から甲斐郡内に入るルートが最有力である。前者は猛将を置くとともに、東海道沿いに徳川軍が配置されており、豊富な後援部隊に恵まれている。これに比べ、後者は駿河の徳川軍から離れているので、急襲されたらひとたまりもない。

この重要でかつ危険な土地を、家康は鳥居・平岩の二人に任せた。この二人は、家康にとって人質時代以来の数少ない親友だからだ。家康は親友であるからこそ、討ち死に覚悟で絶対に死守してくれると信じ、その最も危険な土地に配置したのだろう。家康の苦渋が見て取れる。関ヶ原の合戦の前哨戦で、討ち死に覚悟で鳥居を伏見《ふしみ》城に置いていったのも、その延長線上にある人事といえる。

秀吉が「徳川四天王」をつくった

天正十二（一五八四）年、信長の次男・織田信雄《のぶお》が家康に助けを求め、秀吉と対決し、小牧・長久手の合戦が起こった。

合戦に先立ち、家康は五カ国に留守をさせる部将の配置を定めた［図1―5、表1―10］。秀吉に与している越後《えちご》の上杉景勝《うえすぎかげかつ》、信濃木曽《きそ》地方の木曽義昌《よしまさ》らに睨《にら》みをきかせるため、信濃の諸将を残さざるをえなかった。また、同盟を結んだとはいえ、油断ならない小田原北条家の抑えとして、甲斐・駿河に諸将を置かざるをえなかった。

家康は旗本「一手役之衆」のうち、年長者から城主に抜擢《ばってき》していったため、小牧・長久手の合戦では比較的若年の部将が戦場で活躍することになった。

表１－９：伊賀越えの従者

区分	氏名	十六将	備考
従者	酒井左衛門尉忠次	●	
	石川伯耆守数正		
	本多平八郎忠勝	●	
	榊原小平太康政	●	
	長沢松平上野介康忠		
	天野三郎兵衛康景		
	高力与左衛門清長		
	大久保治右衛門忠佐	●	忠世の弟
	大久保新十郎忠隣		忠世の子
	石川左衛門大夫康通		家成の子、数正の従兄弟
	阿部善九郎正勝		
	本多庄左衛門信俊		本多忠勝の一族と自称
	菅沼藤蔵定政		のちに土岐に改姓
	本多藤四郎正盛		内藤正成の三男、本多信俊の弟の婿養子
	渡辺半蔵守綱	●	
	牧野善右衛門康成		右馬允康成ではなく、半右衛門康成のことか？
	久野新平宗朝		遠江国衆
	三宅弥兵衛正次		鳥居元忠の甥
	服部半蔵正成	●	
	服部中保次		半蔵との血縁関係は不詳
	森川金右衛門氏俊		
	酒井作右衛門重勝		忠次との血縁関係は不詳
	花井庄右衛門吉高		
	高木九助広正		清秀の一族ではなさそう
	多田三吉　某		多田直政のことか？
小性	鳥居松丸忠政		鳥居元忠の子
	井伊万千代直政	●	
	内藤新五郎安成		内藤正成の次男
	深溝松平十三郎玄成		深溝松平家忠の弟
	菅沼小大膳定利		菅沼（土岐）定政の従兄弟の子
	永井伝八郎直勝		
	松下小源太光綱		之綱の妻の従兄弟
	都築亀蔵　某		正行の兄・孫兵衛正成のことか？
	長田瀬兵衛　某		永井直勝の従兄弟・喜兵衛吉正のことか？
	都築長三郎正行		石川忠成の孫、数正の従兄弟
	三浦たかめ　某		
	青木長三郎　某		

出典：『徳川家康と其周囲』などより作成。

図1－5：五カ国領有時代の武将配置

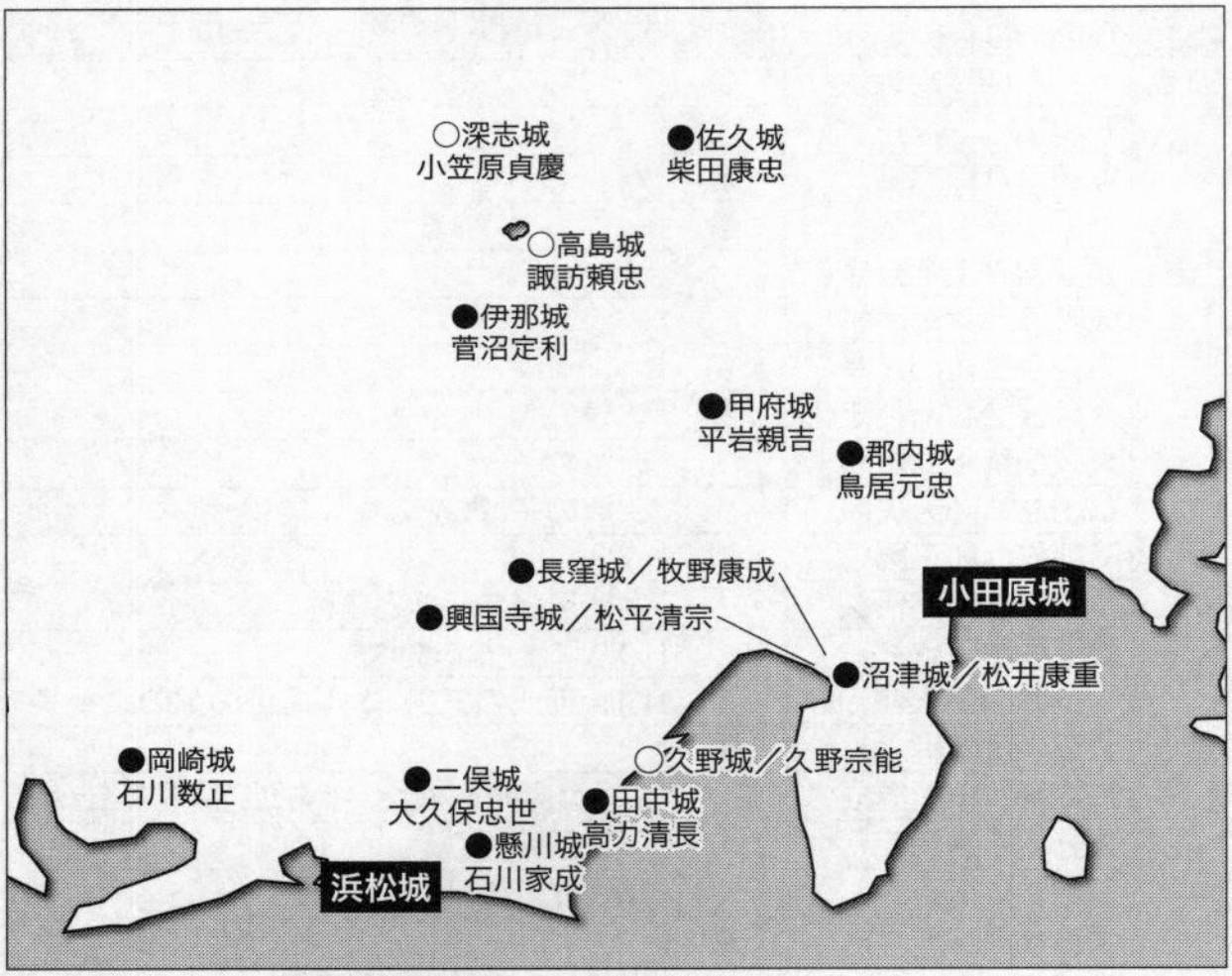

●は三河出身者、○は地元出身者を表す。

「長久手の合戦ののち、秀吉は人に向って、自分は常に蒲生《がもう》氏郷《うじさと》・加藤清正・福島正則等を抜群の勇将だと思って自負していた。然るにこのたびの合戦で家康の三将の働きを見ると皆絶倫である。井伊直政が三好（のち豊臣）孫七郎秀次を追撃した謀略、本多忠勝が我が大軍を知らぬげに落着き払って進軍した態度、榊原康政が自分を弾劾した勇気、いずれも比較がないと言って絶讃した」（『家康の臣僚　武将篇』）。

かれら三人は「三傑」とされ、徳川軍で絶対的なナンバー2だった酒井忠次を加えて「徳川四天王」と呼ばれた。

表1－10：五カ国領有時代の拠点配置

国	城	現在地	部将	年齢	十六将	区分	三備
三河	岡崎城	愛知県岡崎市	石川数正	？		譜代	石川組下
遠江	浜松城	静岡県浜松市	大久保忠世	53歳	●	譜代	旗本
	二俣城	静岡県浜松市	大久保忠世	53歳	●	譜代	旗本
	久野城	静岡県	久野宗能	58歳		遠江国衆	
	懸川城	静岡県掛川市	石川家成	51歳		譜代	石川組下
駿河	田中城	静岡県藤枝市	高力清長	55歳		譜代	
	興国寺城	静岡県沼津市	竹谷松平清宗	47歳		松平一門	酒井組下
	沼津城	静岡県沼津市	松井松平康重	17歳		三河国衆	
	長窪城	静岡県駿東郡長泉町	牧野康成	30歳		三河国衆	酒井組下
甲斐	甲府城	山梨県甲府市	平岩親吉	43歳	●	譜代	石川組下
	郡内城	山梨県	鳥居元忠	46歳	●	譜代	旗本
信濃	伊那城	長野県飯田市	菅沼定利	？		三河国衆	酒井組下
	高島城	長野県諏訪市	諏訪頼忠	49歳		信濃国衆	
	佐久城	長野県	柴田康忠	47歳		譜代	
	小諸城	長野県小諸市	依田松平康国	15歳		信濃国衆	
	深志城	長野県松本市	小笠原貞慶	39歳		信濃国衆	

第四節　「旗本七備」軍制

「旗本七備」軍制へ

天正十三（一五八五）年十一月、重臣・石川伯耆守数正（当時の名は康輝《やすてる》）が出奔し、秀吉の臣下になってしまう（吉輝《よしてる》と改名）。

家康は、数正を通じて軍事機密が漏れることをおそれ、翌十二月一日に武田家の国法および軍法を調べさせるように甲斐国中にお触れを出した。数正の出奔を機に、かねて畏敬《いけい》の念で接していた武田軍の軍制を学び、取り入れようとしたのである。

かくして武田旧臣から聴取した武

田軍法により、天正十三（一五八五）年十二月、家康は新たな軍法を定めた。北島正元《きたじままさもと》氏によれば、その特徴は旗本備を重視した点にあり、侍大将が八人に増員されたことだという。「大久保忠世・酒井忠次・大須賀康高・榊原康政・本多忠勝・井伊直政・平岩親吉・石川家成の八人で、忠世は分国の大小人質を集め守る。忠次・康高・康政・忠勝・親吉は各五千の兵を十手に備え、前四人は先手、親吉は後備を勤める。直政は旗本両備を指揮するということにきめられた」と記している（『江戸幕府の権力構造』）。石川家成の役割が記述されていないが、家成は天正八（一五八〇）年すでに隠居していたので、実際は「旗本七備」だったようだ。

「旗本七備」は、東西の旗頭（酒井忠次・石川家成）の下に国衆を束ねた「三備」の発展形で、七人の三河譜代（＋井伊直政）の下に国衆を編成したものである。

天正十三年の「旗本八備」では、「三備」から引き続き酒井忠次・石川家成が継承されている（石川は隠居済み）。そして、酒井忠次が六十二歳で天正十六（一五八八）年に隠居し、嫡男・酒井宮内大輔《くないのたいふ》家次《いえつぐ》が跡を継いだ。また、大須賀康高《おおすがやすたか》が天正十七（一五八九）年に死去し、代わりに鳥居元忠が侍大将に選ばれている［前掲・表1―7］。

秀吉による徳川家臣団序列への介入

家康・秀吉の講和が成り、天正十四（一五八六）年五月、家康と秀吉の異父妹・あさひ姫の婚儀が調えられたが、結納の使者に天野景能《あまのかげよし》（のちの康景《やすかげ》）を派遣したことで、秀吉は「天野は我の知らざる所なり、かゝる大儀の使には酒井、榊原、本多の内一人を上《あげ》らるべきに、甚だその意を得ず」（『徳川家康と其周囲』）と立腹したという。

天野家は酒井・石川家と並ぶ家老クラスで、景能自身も「岡崎三奉行」の一人といわれた能吏である。おそらく徳川家臣団では榊原・本多より序列が上だったのだろう。ところが、秀吉は榊原・本多の方が上だと主張。徳川家臣団内部の序列にも介入しはじめたのだ。結局、結納の使者には本多忠勝が上洛した。

徳川家臣団の叙任

秀吉は家康に上洛を促したが、家康の腰は重い。そこで、あさひ姫の見舞いという名目で、同天正十四年九月、秀吉は実母・大政所《おおまんどころ》を家康のもとに派遣した。ここに至って、家康も決意し、十月十四日、家康は酒井忠次・榊原康政・本多忠勝等を従えて浜松《はままつ》を出発し、上洛。十月二十七日、家康は大坂城にて秀吉に拝謁し、臣下の礼を取った。

同天正十四年十一月五日、家康は正三位《しょうさんみ》に叙せられ、酒井忠次は従四位下左衛門督《じゅしいのげさえもんのかみ》、榊原康政は従五位下式部大輔《じゅごいのげしきぶのたいふ》に叙任された［表1―11］。

秀吉は自らの家臣を叙任させることで政治的な序列を明確化した。「これは羽柴政権が、関白職によって表現されたことに基づいて、官位序列を政権内の政治序列に適用したためであった。これによって秀吉は、全く新しい武家の政治序列の方法を創り出し、前代の織田政権以来の政治序列の改編を行ったのである」（『羽柴を名乗った人々』）。秀吉はその対象を陪臣である徳川家臣団にも適用することで、影響力行使を狙ったのだろう。

なぜ同じく供奉《ぐぶ》した本多忠勝等が叙任されず、康政が叙任されたかは不明であるが、小牧・長久手の合戦での武功が評価されたのか。もしくは康政と忠勝の間に妬《ねた》みや諍いを起こさせる意図があったのかもしれない。

ちなみに『寛政重修諸家譜《かんせいちょうしゅうしょかふ》』によれば、同年に高力清長が「太閤より豊臣氏をたまはり従五位下河内守に叙任す」との記事があり、『御当家紀年録』に「秀吉連年懇志あるの由緒によると云々《しかじか》」とあり、個人的に秀吉と親しかったため、叙任されたという。

同天正十四年十一月、家康が無事岡崎に戻ると、井伊直政が大政所を連れて上洛した。この時、秀吉は直政に羽柴姓を下賜しようとしたが、固辞したため、従五位下に叙した。

天正十六（一五八八）年三月、聚楽第行幸《じゅらくてい》にともない、家康は家臣を供奉して上洛。四月に井伊直政と大沢基宥《おおさわもとひろ》（基宿《もといえ》ともいう）が従五位下侍従《じじゅう》に叙任され、本多忠勝以下九人が従五位下に叙された。

表1－11：徳川家臣団の叙任

氏名	叙任年	位階	官職	十六将	区分	天正14上洛	備考
高力清長	天正14年	従四位下	河内守		譜代	？	
酒井忠次		従四位下	左衛門督	●	譜代	●	
榊原康政		従五位下	式部大輔	●	譜代	●	
井伊直政	天正16年	従五位下	兵部少輔 侍従	●	遠江国衆		
大沢基宥		従五位下	兵部大輔 侍従		遠江国衆		
本多忠勝		従五位下	中務大輔	●	譜代	●	
大久保忠隣		従五位下	治部少輔		譜代		忠世の子
酒井忠世		従五位下	右兵衛大夫		譜代		政家(正親)の孫
平岩親吉		従五位下	主計頭	●	譜代		
鳥居忠政		従五位下	左京亮		譜代		元忠の子
岡部長盛		従五位下	内膳正		今川旧臣		
菅沼定利		従五位下	大膳亮		三河国衆		
牧野康成		従五位下	右馬允		三河国衆	●	
本多広孝		従五位下	右兵衛佐		譜代+三河国衆		※
鳥居元忠					譜代	●	
阿部正勝					譜代	●	
永井直勝					譜代	●	
西尾吉次					譜代	●	

※『寛政重修諸家譜』には天正11年とあるが、天正16年の誤記か。

豊臣政権において、侍従に叙任されることは「公家成《くげなり》」といって特別な意味を持っていたため、『井伊直政』の著者・野田《のだ》浩子《ひろこ》氏は「直政に与えられた官位は、一大名の家臣の立場を超え、有力大名クラスのものであった。このような特別の扱いを受けたのは、家康重臣の中では直政のみであり、（中略）直政は徳川家中で同等の者がいない特別な立場にあった」と指摘、直政が徳川一門待遇であったと推論している。ただし、大沢も侍従に任ぜられており、大沢も一門待遇だったのかという疑問が残る。

大沢基宥は遠江堀江城主、遠江の名門国衆であり、侍従に任ぜられたことを足掛かりに江戸幕府の儀礼に関与して高家《こうけ》となる（忠臣蔵の吉良上野介義央《きらこうずけのすけよしなか》で有名な、あの高家である）。直政が一人従五位下侍従に任ぜられたのも、遠江の名門国衆出身だったからではないか。秀吉は遠江の松下家に仕えていた過去があり、遠江の名門国衆を相応の地位に就けることに感覚的に異存が無かったのだろう。

第五節　関東入国での大名配置

「三傑」が一〇万石の大名となる

天正十八（一五九〇）年二月、秀吉は小田原北条家を攻め、家康はその先鋒を任された。小田原北条家が降伏、改易されると、同天正十八年七月、秀吉は小田原城に入城して論功行賞を行い、家康には北条家旧領の伊豆《いず》、相模《さがみ》、武蔵《むさし》、上総《かずさ》、下総《しもうさ》、および上野と下野《しもつけ》の一部が与えられた（現在でいうところの、群馬県と栃木県の一部を除く関東一円に伊豆半島を附けた地域）。

徳川家は先祖伝来の土地を奪われた代わりに、広大な新天地を得たのである。

天正十八年八月一日、家康は江戸に入った。関東移封は四月九日に内示を受けていたといわれるが、それでも九月末にはほぼ移封を終わらせたというから、さしもの秀吉もびっくりしたと伝えられる。

新領地の知行割は、上野箕輪《みのわ》城（群馬県高崎《たかさき》市）一二万石の井伊直政を筆頭に、上総大多《おおた》喜《き》城（千葉県大多喜町）一〇万石の本多忠勝、上野館林《たてばやし》城（群馬県館林市）一〇万石の榊原康政が続いた。井伊、本多、榊原は俗に徳川家臣団の「三傑」と呼ばれており、酒井忠次を加えて「徳川四天王」という。

この「三傑」に続くものが、相模《さがみ》小田原城（神奈川県小田原市）四万五〇〇〇石の大久保忠世（ちなみに忠世の嫡男・大久保忠隣《ただちか》は武蔵羽生《はにゅう》一万石、弟・大久保忠佐《ただすけ》は上総茂原《もばら》に五〇〇〇石を与えられており、一族としては六万石強を拝領していたと思われる）。以下、鳥居元忠の四万石、平岩親吉の三万三〇〇〇石と続く［表1―12］。

若かったから「三傑」になった

関東入国にあたって、秀吉から「三傑」をどこに何万石で配置するか、具体的な指示があったという（福島氏論文）。

ここで一つ問題提起をしたい。「旗本七備」のうち、なぜ「三傑」だけが特別待遇なのか。

「三傑」の井伊直政・本多忠勝・榊原康政と、大久保忠世・鳥居元忠・平岩親吉の間にはいかなる差異があったのか。それは、小牧・長久手の合戦で武功を表し、秀吉に鮮烈な印象を与えたからだ。

ではなぜ、大久保・鳥居・平岩の三人は「三傑」ほど秀吉の印象に残らなかったのか。それは、大久保・鳥居・平岩の三人は、五カ国領有体制で遠江・甲斐の城を守っており、小牧・長久手の合戦に参加しなかったからだ。

ならば、大久保・鳥居・平岩の三人が城主に登用され、「三傑」が城主に登用されなかったのはなぜか。それは、大久保・鳥居・平岩の三人が、「三傑」の井伊・本多・榊原の三人より年長だったからだ。おそらく、家康は城主・城代クラスを登用するにあたり、ある程度、年功序列を勘案して人選したのだろう。

つまり、「三傑」は若かったから、関東入国まで城主に登用されなかった。城主にならなかったから、城を守ることなく、小牧・長久手の合戦で秀吉に鮮烈な印象を与え、秀吉から徳川を代表する家臣と認識された。そのため、一〇万石以上の高禄を与えられたのだろう。

表1－12：関東入国

氏名	年齢	領地	石高	区分	備考
井伊直政	30歳	上野国箕輪	12.0	遠江国衆	
本多忠勝	43歳	上総国大多喜	10.0	譜代	
榊原康政	43歳	上野国館林	10.0	譜代	
大久保忠世	59歳	相模国小田原	4.5	譜代	旧浜松城主
鳥居元忠	52歳	下総国矢作	4.0	譜代	旧郡内城主
平岩親吉	49歳	上野国厩橋	3.3	譜代	旧甲府城代
酒井家次	27歳	下総国臼井	3.0	譜代(家老級)	旧吉田城主
大須賀松平忠政	？	上総国久留里	3.0	譜代	旧横須賀城主
小笠原秀政	22歳	下総国古河	3.0	信濃国衆	旧深志城主
依田松平康真	17歳	上野国藤岡	3.0	信濃国衆	旧小諸城主
久松松平康元	39歳	下総国関宿	2.0	家康異父弟	
石川康通	36歳	上総国鳴戸	2.0	譜代(家老級)	旧懸川城主
本多康重	37歳	上野国白井	2.0	譜代(家老級)	旧田原城主
松井松平康重	23歳	武蔵国寄西	2.0	三河国衆？	旧沼津城主
高力清長	61歳	武蔵国岩槻	2.0	譜代	旧田中城主
大久保忠隣	31歳	武蔵国羽生	2.0	譜代	忠世の嫡男
内藤家長	45歳	上総国佐貫	2.0	譜代	
奥平信昌	36歳	上野国小幡	2.0	三河国衆	家康の女婿
牧野康成	36歳	上野国大胡	2.0	三河国衆	旧長窪城主
菅沼定利	？	上野国吉井	2.0	三河国衆	旧伊那城主
諏訪頼水	21歳	武蔵国奈良梨	1.2	信濃国衆	旧高島城主
岡部長盛	23歳	上総？	1.2	今川旧臣	
酒井重忠	42歳	武蔵国川越	1.0	譜代(家老級)	旧西尾城主
本多正信	53歳	相模国甘縄	1.0	譜代	
内藤信成	46歳	伊豆国韮山	1.0	譜代	
伊奈忠次	41歳	武蔵国鴻巣	1.0	譜代	
竹谷松平家清	25歳	武蔵国八幡山	1.0	松平一門	旧興国寺城主
長沢松平康直	22歳	武蔵国深谷	1.0	松平一門	家康の甥
桜井松平家広	14歳	武蔵国松山	1.0	松平一門	家康の甥
深溝松平家忠	36歳	武蔵国忍	1.0	松平一門	
大給松平家乗	16歳	上野国那波	1.0	松平一門	
戸田松平康長	29歳	武蔵国東方	1.0	三河国衆	家康の義弟
菅沼定盈	49歳	上野国阿保	1.0	三河国衆	
菅沼定政	40歳	下総国守屋	1.0	三河国衆	
久野宗能	64歳	下総	1.0	遠江国衆	旧久野城主
三浦義次	？	下総国佐倉	1.0	今川旧臣？	
小笠原信之	21歳	武蔵国本庄	1.0	信濃国衆	
保科正光	30歳	下総国多胡	1.0	信濃国衆	
木曾義利	？	下総国蘆戸	1.0	信濃国衆	
北条氏勝	32歳	下総国岩富	1.0	北条旧臣	

※中村孝也『家康の臣僚』などから作成。
※石高の単位は万石。

第二部　十六将列伝

第一章　松平一族

第一節　松平一族の歴史

前提としての松平一族の歴史

この章以降では、十六将の個々の部将に焦点を当てていきたい。

多くの十六将図で筆頭に選ばれている松平甚太郎康忠《まつだいらじんたろうやすただ》。実は徳川家臣団にその名前に該当する人物が存在せず、では誰なのかということは第一部で述べた。巷間《こうかん》では長沢《ながさわ》松平家の**松平源七郎《げんしちろう》康忠**（一五四六～一六一八）とする説が多いが、東条《とうじょう》松平家の**松平甚太郎家忠《いえただ》**（一五五六～八一）の誤記である可能性が高く、家康の四男で家忠の養子である**松平薩摩守忠吉《さつまのかみただよし》**（旧名・松平甚太郎忠康。一五八〇～一六〇七）の可能性もある。

ここでは、家忠・忠吉を語る前に、まず家康（徳川家臣団）にとって松平一族はどのような存在だったのかを考えたい。そして、それを語る前提として、松平（徳川）一族の歴史をたどっていこう。

家康の家系は分家の一つだった

徳川家康は旧姓を松平といい、初代の**松平太郎左衛門親氏**《たろうざえもんちかうじ》から数えて九代目にあたる。それが江戸幕府の公式見解であったが、これに異議を唱えたのが新行紀一《しんぎようのりかず》氏である。

新行氏は「徳川将軍家の歴史として、不都合と考えられることは大部分排除されるか、改変されている。これは松平中心史観と称することができよう」（『一向一揆の基礎構造』）と指摘。具体的には家康が生まれた家系（安城《あんじよう》松平家）が、もともとは庶流の一つに過ぎず、本家・岩津《いわづ》松平家の没落と、度重なる隣国からの侵略を防戦することによって、本家の地位を勝ち得たと論じた。

松平家が三河《みかわ》国内に庶子を分封したのは、親氏の子（一般には孫）の三代・**松平和泉守信光**《いずみのかみのぶみつ》（一四〇四～八八）の時である。信光は、山奥の松平郷から平野部に位置する岩津城に進出、室町幕府 政所《まんどころ》執事・伊勢貞親《いせさだちか》の被官となって勢力を伸ばし、西三河の三分の一を手に入れた。信光は四十八人の子女があって、子どもたちを三河国中に分封したのだ。

その分家は、封ぜられた地名を冠して、竹谷《たけのや》松平家とか五井《ごい》松平家などと呼ばれている。

中にはさらに分家を輩出した家もあって、正確にはいくつあるのかわからないのだが、江戸時代に大名・旗本に列した家を数えて、俗に「十四松平家」と呼ばれている［図2―1、2］。

新行氏は信光の嫡男（四代目）は岩津城を受け継いだ松平親長《ちかなが》であり、江戸幕府が四代目に数えている**松平右京亮《うきょうのすけ》親忠《ちかただ》**（法名・西忠《せいちゅう》、一四三八〜一五〇一）は、実際は安城に分封された安城松平家の初代だったと主張。親忠が松平家の惣領家《そうりょうけ》になって以来、家康の家系が松平一族の長になったと論じた。以降、松平家研究はその説が主流になっている。

そして、親忠の孫・**松平蔵人《くろうど》信忠《のぶただ》**（一四九〇〜一五三一）が暗愚で、弟の桜井《さくらい》松平信定《のぶさだ》を擁立する動きがあり、それを収拾させるため、信忠の子・**次郎三郎《じろうさぶろう》清康《きよやす》**（一五一一？〜三五）が十三歳で家督を継いだ。その前後から岡崎《おかざき》城・西郷《さいごう》松平家の弾正左衛門《だんじょうざえもん》信貞《のぶさだ》（通常、岡崎松平家と呼ぶが、本書では清康が岡崎に移転した後を岡崎松平家と呼び、信貞の家系を西郷松平家と呼んで区別する）と紛争に及び、清康はその支城である山中城を攻略した。平野《ひらの》明夫《あきお》氏の研究によると、清康は山中城で数年間過ごしていたという。その後、清康は岡崎城の信貞を降して、その女婿となり、岡崎城主となった。

清康が暗殺され、信忠の弟・桜井松平信定が岡崎城を乗っ取り、清康の遺児（のちの広忠）を追放したが、のちに**松平次郎三郎《じろうさぶろう》広忠《ひろただ》**（一五二六？〜四九）が岡崎城に復帰。その子が家康というわけである。

図2－1：松平一族の分布

しかし、親忠から清康にわたる四代の間には、次に挙げる四つの疑問がある。

①安城松平家が惣領家になったのはいつか

一点目は、安城松平家が惣領家になったのはいつかという疑問である。

新行氏は、親忠が松平家の惣領家になった根拠として文亀《ぶんき》元（一五〇一）年八月十六日、親忠の初七日に記された「松平一門連判《れんぱん》状《じょう》」という古文書をあげている［図2―3］。

松平）信吉——（松平）親長——（松平）由重——（松平）尚栄

竹谷）親善——（竹谷）清善——（竹谷）清宗——（竹谷）家清

大給）乗正——（大給）乗勝——（大給）親乗——（大給）真乗——（大給）家乗
（大給）真次
（大給）親清——（大給）近正——（大給）一生

宮石）乗次——（宮石）元次——（宮石）貞次——（宮石）宗次——（宮石）康次

安城）信忠——世良田清康——（岡崎）広忠——徳川家康——徳川秀忠
（三木）信孝——（三木）重忠——（三木）忠利
（三木）康孝

福釜）親盛——（福釜）親次——（福釜）親俊——（福釜）康親
（桜井）忠正——（桜井）家広
桜井）信定——（桜井）清定——（桜井）家次——（桜井）忠吉——（桜井）忠頼
東条）義春——（東条）家忠＝＝（東条）忠吉
藤井）利長——（藤井）信一

安城）康忠
（麻生）親正——（麻生）清房——（麻生）正忠——（麻生）正勝
瀧脇）乗遠——（瀧脇）乗高——（瀧脇）乗次

形原）親忠——（形原）家広——（形原）家忠——（形原）家信

大草）七郎——（大草）三光——（大草）正親——（大草）康安

五井）信長——（五井）忠次——（五井）景忠——（五井）伊昌——（五井）忠実
深溝）好景——（深溝）伊忠——（深溝）家忠——（深溝）忠利

能見）重吉——（能見）重利
（能見）重勝
（長沢）康忠＝＝（長沢）忠輝

長沢）親清——（長沢）勝宗——（長沢）一忠——（長沢）親広——（長沢）政忠
（長沢）宗忠——（長沢）親常——（長沢）正次

図2−2：『寛政重修諸家譜』による松平一族の系図

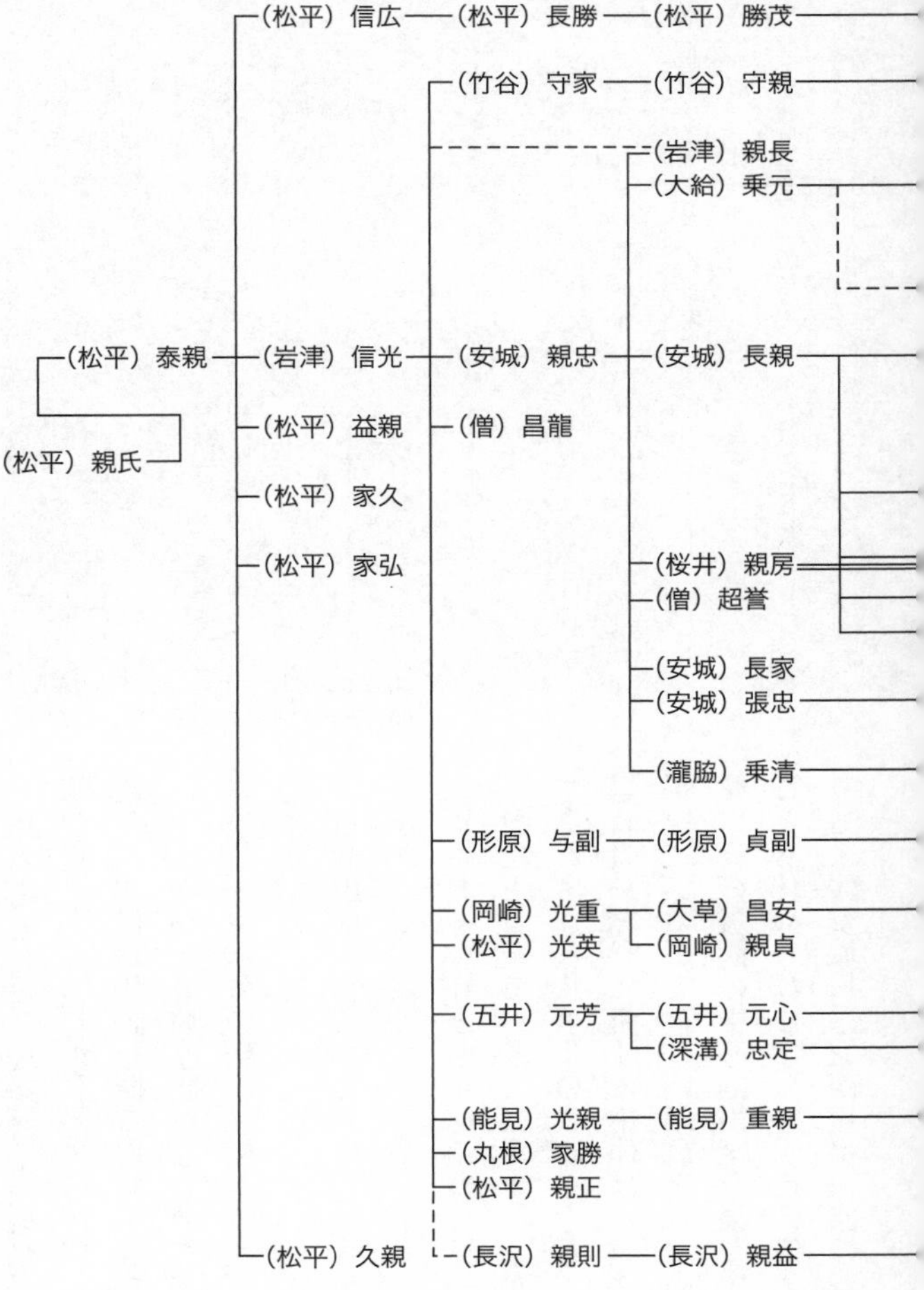

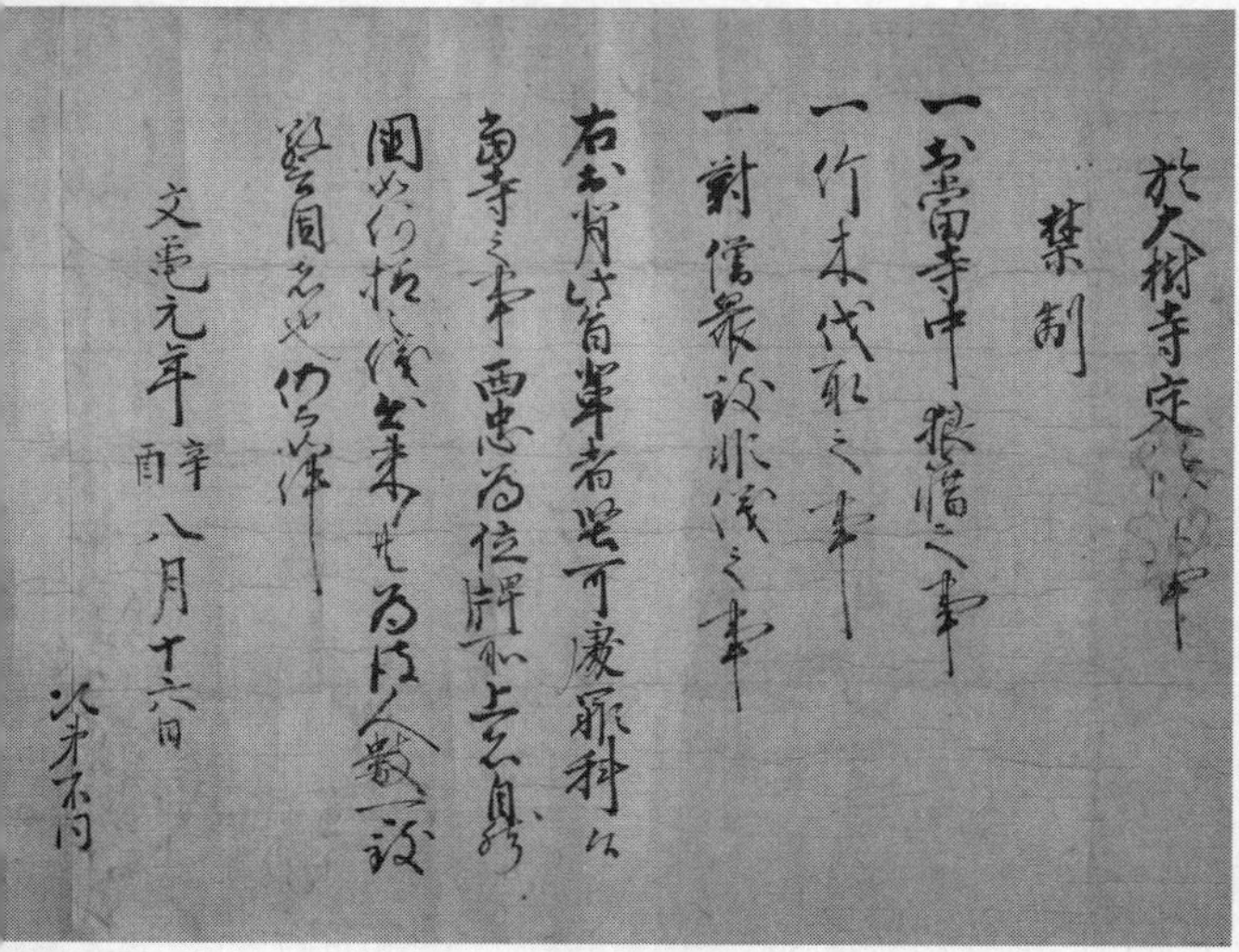
於大樹寺定

禁制

一 於當寺中狼藉之事

一 竹木伐取之事

一 對僧衆致非儀之事

文亀元年辛酉八月十六日

（大樹寺蔵、写真提供：岡崎市美術博物館）

内容としては「大樹寺《だいじゅじ》（安城松平家の菩《ぼ》提寺《だいじ》）の竹木を勝手に伐採したり、僧侶に無謀な振る舞いをしてはならない」という簡単なもので、安城松平家以外の松平一族十六名が署名している。

新行氏は「惣領家とされる安城松平家が、この段階でようやく庶家と区別される存在としての地位を認められたと考えるべきではなかろうか。すなわち連判状前半の禁制《きんぜい》を下し、違背者を罪科に処する主体は安城松平家であることは一応承認され、同時に寺の警固の中心的役割を果たすことも認められた」。「連判状は何よりもまず安城松平家が松平一族の惣

図２－３：松平一門連判状

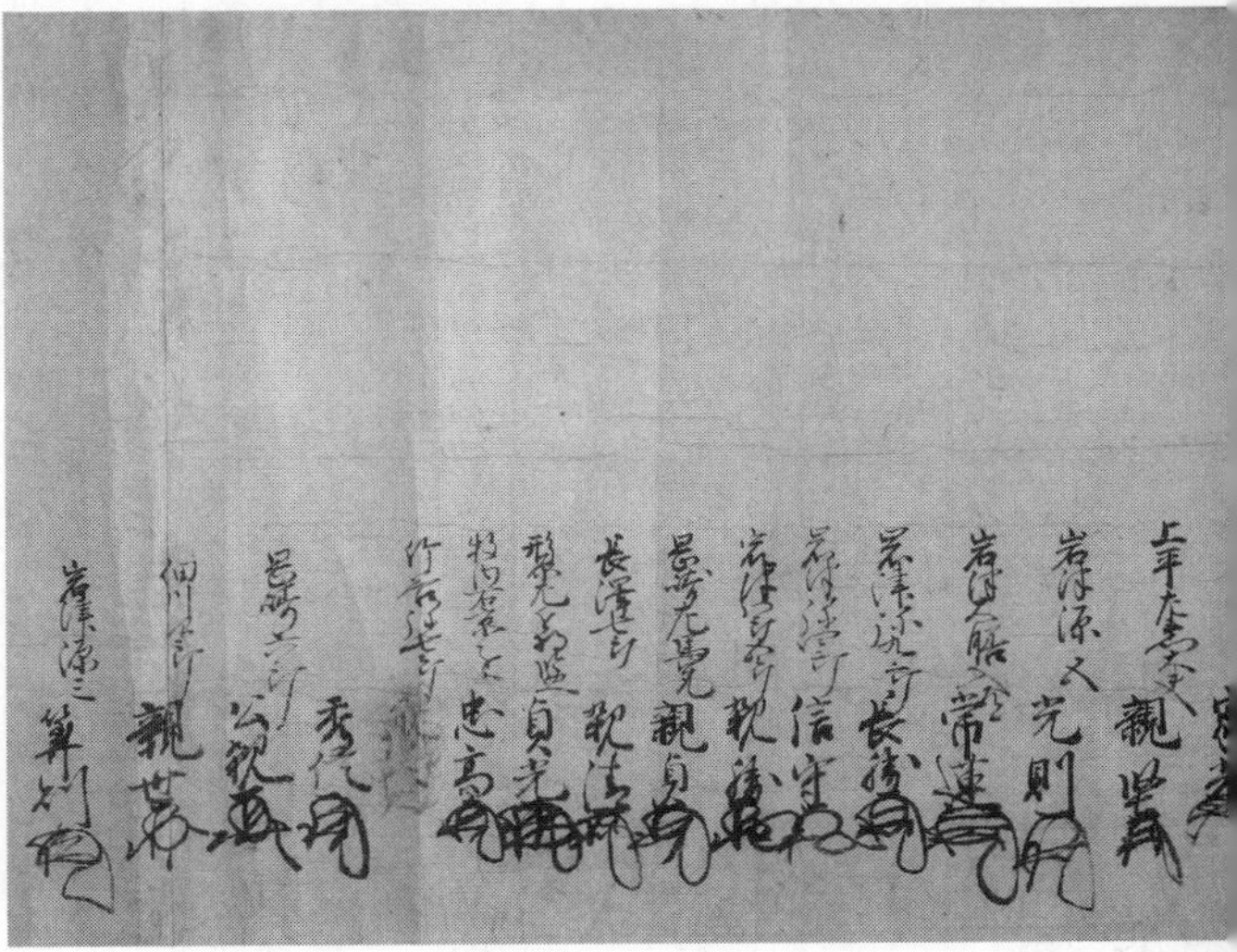

領家たることを確認するために作成された」と評価している（『一向一揆の基礎構造』）。

また、平野明夫氏も「連判者は安城松平家を警護することを約束したのである。三河在国の松平氏親類・縁者のほとんどが署判していると考えられ、安城松平家が、松平氏の惣領と認識され始めていることが窺える」として、新行氏の意見に賛意を示している（『三河　松平一族』）。

これに対し、村岡幹生《むらおかみきお》氏は「松平一門連判状」では安城松平家が惣領家に昇格したとはいえないと評価している。すなわち、「一揆契状の一般的作成契機②（一揆構成員相互間の紛争防止—引用者註）に照らせば、安城松平家の人々は、菩提寺である大樹寺の警固に関して自身たちだけで『違背の輩《ともがら》』（とくに安城家以外の松平一族やその配下の者）を『固く罪科に処す』ことに限界を感じ、現実にトラブルが予想されたので、このような連判状を用意して、他家の人々に署判してもらったのだと考えることもできる」というのだ（『新編　安城市史Ⅰ　通史編　原始・古代・中世』）。

筆者もこの時点で安城松平家が惣領家になったとは考えておらず、それが家康の時代まで続いたとは思っていない。その根拠の一つが、戸田家の存在である。

「松平一門連判状」に名を連ねた「田原孫次郎家光《たはらそんじろういえみつ》」は、渥美《あつみ》半島で勢力を誇る戸田家の人間であると想定されている。戸田家は松平家とは独立した存在で、家康の祖父・清康の代に一時的に屈し、松平（徳川）家に臣従するのは家康の代に至ってからだ。しかし、「松平一門連判状」に名を連ねた人物が安城松平家を惣領と認めたという新行氏や平野氏の説によれば、戸田家が親忠の頃から松平家に服従し、家康の時代までその傘下にいたことになってしまうが、そうした事実はない。そう考えると、「松平一門連判状」は、松平一族が安城松平家を惣領と認めたものではないと考えた方が適切だろう。

戸田家は自立的に活動し、自らを凌駕《りょうが》するような存在があらわれた場合には一時的に臣従するが、その勢力が弱まるとその関係をうやむやにする。時には複数の勢力間を漂い、離合集散を繰り返す存在だった。他の松平一族も同様だったと考えられる。

②清康はいつ家督を継承したのか

二点目は、清康が安城松平家の家督を継承したのはいつかという疑問である。信忠が暗愚だから弟の桜井松平信定を擁立する動きがあり、それを収拾させるために、わずか十三歳の息子に家督を継がせるというのは常識的に考えられない。当時、安城松平家は西郷松平家と争っていた最中《さなか》だったとする新行氏の指摘があるからなおさらだ（『新編　岡崎市史2　中世』）。

しかも、清康が家督を継いで、すぐさま山中城を攻略している。平野明夫氏の研究によれば、「清康は、山中城奪取後山中城を本城とし、大永七年四月以前に明大寺を本拠としたのである。山中本城期は、年数にして、三〜四年であろう」（『三河　松平一族』）という。内紛の直後、対立相手の信定を安城に残して、安城松平家の家督を継いだ清康が山中城に駐留するのはおかしい。

この時点ではまだ清康が家督を継承していなかったと考える方が妥当なのではないか。

③清康は何歳だったのか

三点目は、清康が家督を継いだ時、本当に十三歳だったのか、そして本当に信忠の子どもだったのかという疑問である。

天文《てんぶん》四（一五三五）年十二月に「守山崩《もりやまくず》れ」で清康が横死した時、『三河物語』が二十五歳と記しているので、逆算して清康は永正《えいしょう》八（一五一一）年生まれとする説が最も有力である。

しかし、ここで面白い話がある。『松平記』によれば、家康に長男・岡崎三郎信康《さぶろうのぶやす》が生まれた時、家老の阿部大蔵《あべおおくら》が「この子は家督を継がない」と予言したという。なぜかといえば、「松平家では未年《ひつじ》生まれが惣領になった例《ため》しがない」というのだ。これは家督争いに負けた桜井松平信定や三ツ木《みつぎ》松平信孝《のぶたか》が未年だったから、おそらく岡崎信康も家督を継ぐことがないと暗示した逸話なのだが、清康が永正八年生まれならば、未年になってしまう。阿部がそんな初歩的なミスを犯すだろうか。

清康の生年にはいくつかの説がある。『当代記』では清康の享年を「年　卅三《さんじゅうさん》」（一五〇三年生まれ）としている。筆者が古書店で購入した『深溝《ふこうず》松平家譜』では清康を「文亀元（一五〇一）年辛酉《しんゆう》九月生（中略）森山陣営横死于時三十五歳」と記述している。

大永《だいえい》三（一五二三）年から山中城攻略をはじめたと仮定すると、『三河物語』では十三歳

（数え年）だが、『当代記』だと二十一歳、『深溝松平家譜』であれば二十三歳になる。さすがに十三歳の指揮官に家臣がついていくとは思えないが、二十歳以上であれば説得力がある。

④清康は信忠の長男なのか

ではなぜ、『三河物語』は清康の年齢をサバ読みしなければならなかったのだろうか。それは信忠との年齢差である。信忠は延徳《えんとく》二（一四九〇）年生まれといわれている。『当代記』の説を採っても、信忠が十四歳の時の子どもになってしまう（『深溝松平家譜』であれば十二歳）。とても親子とは思われない。

つまり、清康は信忠の子どもではない可能性がある。

筆者が古書店で入手した『尾張徳川家御系図　手控』という系図によれば、清康は「長親《ながちか》（本書では長忠《ながただ》）二男」と記し、信忠と清康を親子ではなく、兄弟としている。『三河海東記』という書物も、信忠を長男、清康を次男としている。

『松平記』も暗に清康が長忠の子であると記述している。清康の横死後、桜井松平信定が岡崎城を乗っ取るくだりで「清康の御父御隠居」という文章があるのだが、信忠は享禄《きようろく》四（一五三一）年、もしくはその二年前に死去している。ここでいう「御隠居」とは、信忠の父・長忠（?～一五四四）を指す。つまり、『松平記』を素直に読むと、清康は長忠の子で、信忠の実弟ということになる。

⑤山中城攻略は松平一族の内紛だったのか

五点目は、清康はなぜ安城城ではなく、岡崎城に居を定めたのか、そして西郷松平家は本当に松平一族だったのかという疑問である。

清康は信忠の子ではないかもしれないが、安城松平家の出身であることは間違いない。岡崎城を降した後、なぜ清康は安城城に戻らず、岡崎城を居城としたのか。それは岡崎が三河の中枢都市であることを、三河の人々が認識していたからではないのか。

ではなぜ、岡崎が三河の中枢都市と認識されていたのか。それは守護代・西郷家の居城があったからだろう。

清康が降した松平弾正左衛門信貞は西郷姓を名乗っていたという。

西郷松平家は、三代・松平信光が岡崎城主・西郷弾正左衛門頼嗣《よりつぐ》（?〜一四七七）を降し、五男・松平紀伊守《きいのかみ》光重《みつしげ》を頼嗣の女婿としたことにはじまる。『寛政重修諸家譜《かんせいちょうしゅうしょかふ》』では「光重—昌安《まさやす》—七郎—三光《みつみつ》—正親—康安《やすやす》」と系譜を繋《つな》げているが、実際は「光重—親貞＝信貞（法名・昌安《しょうあん》）—七郎」で、三光以降は庶流が系図を継ぎ足したと推定される（『徳川家臣団の謎』）。また、「岡崎記に云わく、光重に三男有り、惣領を左馬亮《さまのすけ》親貞《ちかさだ》、二男を弾正左衛門信貞、三男を左近将監貞光《さこんしょうげんさだみつ》（形原《かたのはら》松平家の養子）」という説があり、さらに左馬亮親貞に子がなかったため、西郷頼嗣の子・信貞を養子に迎えたという説がある（西郷松平家の菩提寺《ぼだいじ》・大林寺《だいりんじ》由緒）［図2―4］。

実際は光重が西郷家の女婿になっただけで、光重が西郷家の家督を継承したのではなく、守護代・西郷家は頼嗣―信貞と継承され、信貞は松平姓を名乗っていないのではないか。ちなみに、「十四松平家」の多くは松平郷・安城・蒲郡《がまごおり》沿岸に散在し、岡崎周辺には西郷松平家の支流と思われる能見《のみ》松平家くらいしかいない。これは、室町中期に至っても守護代・西郷家の勢力が衰えておらず、松平家が分封できなかったからではないか［前掲・図2―1］。

そうなると、清康の岡崎城攻撃は構図が一変する。松平一族の内部抗争ではなく、国人領主の松平家が守護代・西郷家を降した下剋上《げこくじょう》だったということだ。清康の破竹の勢いは、守護代に取って代わる存在だと三河国衆が認めたからではないのか。だからこそ、清康は安城城に戻らなかったのだろう。

⑥清康は岡崎城攻略の後に安城松平家を併呑

つまり、筆者の想像では、以下のようなストーリーとなる。

安城松平信忠は、安城より東に勢力を拡大した。それは、守護代・西郷家の勢力圏の南端

——世良田清康
‖
——女

——（大草）七郎——（大草）三光——（大草）正親——（大草）康安

----（大草）三光——（大草）正親——（大草）康安

図２－４：岡崎（西郷）松平家の系図

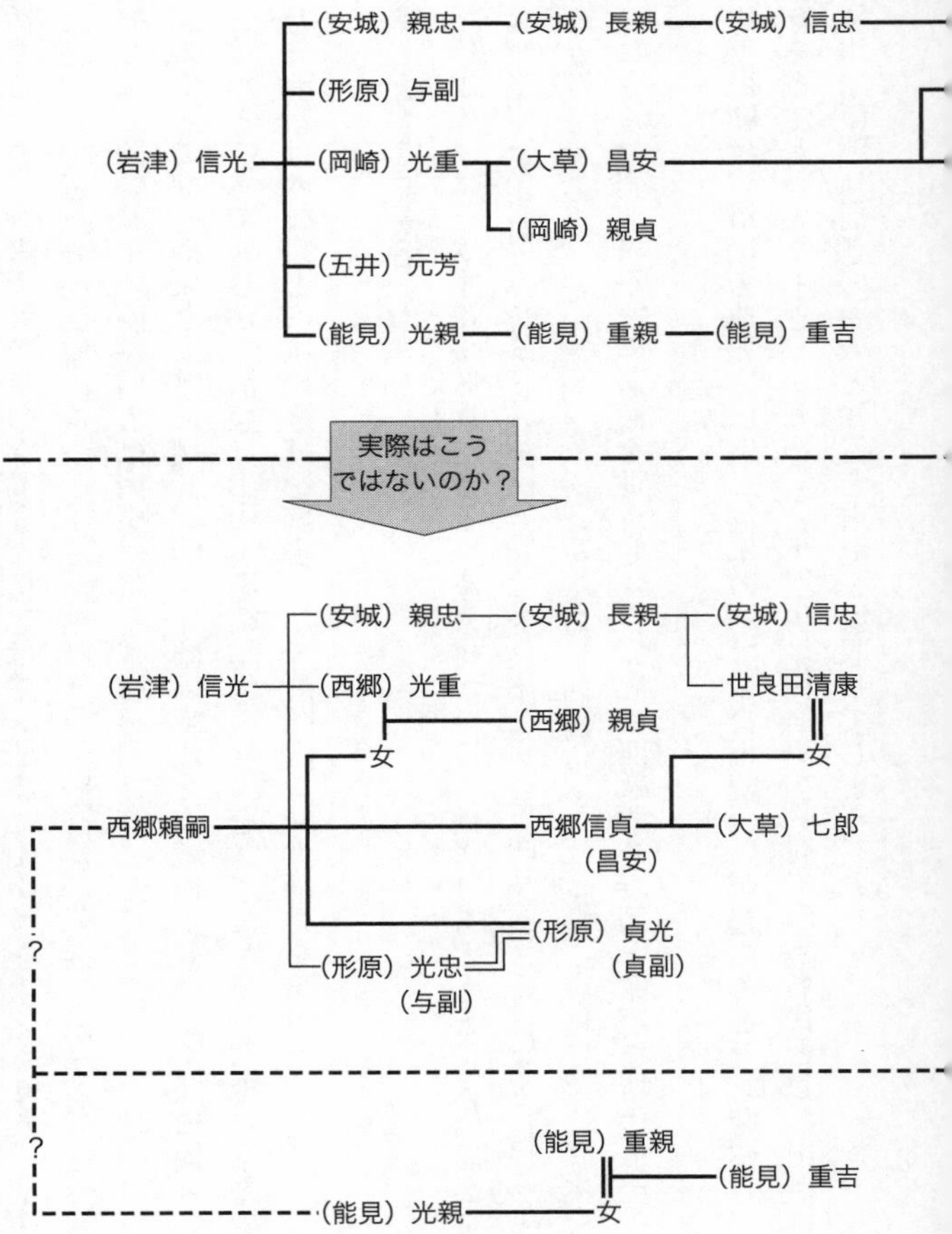
（岩津）信光
（安城）親忠
（安城）長親
（安城）信忠
（形原）与副
（岡崎）光重
（大草）昌安
（岡崎）親貞
（五井）元芳
（能見）光親
（能見）重親
（能見）重吉
実際はこうではないのか？
（岩津）信光
（安城）親忠
（安城）長親
（安城）信忠
世良田清康
（西郷）光重
（西郷）親貞
女
女
西郷頼嗣
西郷信貞
（昌安）
（大草）七郎
（形原）貞光
（貞副）
（形原）光忠
（与副）
?
?
（能見）重親
（能見）重吉
（能見）光親
女

に位置するため、両者の間で抗争が勃発《ぼっぱつ》。信忠は弟・清康に山中城を攻略させた。清康は山中城に駐留して近郊の西郷家臣を家臣化（山中譜代）、岡崎城にいる彼らの親族（岡崎譜代）を調略した。岡崎城主・西郷信貞は清康に降り、城を明け渡した。

信忠の構想では、清康を安城に戻し、山中・岡崎譜代を安城松平家の家臣団に編入してお終《しま》いというところであるが、清康は山中・岡崎譜代の兵力を背景にして、信忠に家督譲渡を迫った。清康は西郷家と安城松平家を統合し、三河国内で一大勢力を誇った。

補論　三ツ木松平信孝

松平信忠の子に三ツ木松平蔵人《くろうど》信孝という人物がいる。信孝はもともと父・信忠から合歓《ねむの》木《き》村（岡崎市合歓木町）を与えられていたが、天文十一（一五四二）年三月に弟・松平十郎三《じゅうろうさぶ》郎《ろう》康孝《やすたか》が死去すると、その遺領である三ツ木村（岡崎市下三ツ木町）を継いで三ツ木を本拠とした。さらに岩津松平家の遺領を併呑《へいどん》して、広忠に匹敵する所領と家臣を持つに至ったという。

徳川家臣団は、清康の遺児・広忠と信孝の間で家督相続争いが起こることを警戒し、信孝の排除を企てた。天文十二（一五四三）年の正月に信孝が駿府《すんぷ》に広忠名代として出かけた間に、徳川家臣団は信孝の屋敷と知行を占拠・没収してしまう。

信孝は広忠との和解を望んだが、不調に終わり、駿河《するが》に赴いて今川義元《いまがわよしもと》に斡旋《あっせん》を頼んだ。義元が酒井政家《さかいまさいえ》（一般には正親《まさちか》）、石川忠成《いしかわただなり》（一般には清兼《きよかね》）、阿部大蔵（定吉《さだよし》）ら老臣を駿河に呼んで和解を進めたが、徳川家臣団は納得しなかったという。信孝はやむなく、広忠と距離を置いていた松平一族や老臣らと気脈を通じて織田方に走った。

信孝は大岡《おおおか》郷の山崎《やまざき》（安城市山崎町）に城を築き、天文十七（一五四八）年四月に五〇〇ばかりの兵を率いて岡崎城を攻め取ろうと明大寺《みょうだいじ》の町に進入した。広忠軍は二手に分かれて信孝軍を挟撃した結果、信孝は矢に当たり戦死した（耳取縄手《みみとりなわて》の戦い）。

信孝の首を見た広忠は「どうして生け捕ってくれなかった。日ごろ、蔵人（信孝）殿はわたしにひとつとしてそむいたことがない。今度敵となったのも、もっともなので、すこしも恨みに思っていなかった。将来のことを疑って、わたしの方から追いだした。いろいろ謝罪なさったが、聞き届けなかったので、怒り、顔を赤くして、心ならずも敵になった。わたしの方から無理に敵にしたのだ。内膳（松平信定）が敵になったのとは大ちがいだ」と落涙した（『三河物語』）。広忠は叔父《おじ》・信孝との確執を望んでいなかった。明らかに徳川家臣団の過剰防衛であろう。

清康が信忠の子でないとすると、安城松平家の正嫡は、信忠の子である三ツ木松平蔵人信孝となる。ここで注目されるのは、安城松平家の嫡男の通称である蔵人を、信孝が襲名していることだ〔図2―5〕。

信忠、およびその父・長忠（一般には長親）は「次郎三郎、蔵人」と名乗ったと系図には記されている。しかし、長忠・信忠ともに古文書で「蔵人、蔵人佐《くろうどのすけ》」と名乗ったことは確認できるが、次郎三郎と名乗ったことは確認できていない。清康・広忠・家康が名乗っているから、その祖先である長忠・信忠も「次郎三郎は、子孫が称しているので、あるいは称したかもしれない」（『三河　松平一族』）。一方、清康・広忠父子の通称は次郎三郎のみである。

つまり、安城松平家の嫡男が蔵人を、清康の系統が次郎三郎を名乗っていたと考えた方が適切であろう（家康ははじめ「次郎三郎元信《もとのぶ》」を名乗り、のちに「蔵人佐元康《もとやす》」と改名している）。

三ツ木松平信孝は蔵人を名乗ることによって、自ら安城松平家の嫡男であると宣言したことになる。これは徳川家臣団にとって看過できなかったに違いない。

当時の徳川家臣団を構成していた「三ご譜代」がともに主君とすることができるのは、安城松平家出身でかつ西郷家の当主となった清康（もしくはその直系の子孫）だけである。清康の死後、かれらの主君たりうるのは遺児・広忠しかいない。桜井松平信定・三ツ木松平信孝ではその代わりになれないのだ。

桜井松平信定や三ツ木松平信孝が当主になると、安城譜代が主導権を握り、山中・岡崎譜代は中枢から遠ざけられるのではないか。そうした疑心暗鬼が、信定の当主就任を阻止し、信孝の排斥を生んだ。そこには幼主・広忠を守り抜くという忠節心はなかった。ただ、徳川家臣団の保身があっただけである。

松平一族は一門衆ではない

徳川家臣団にとって、主君たりうるのは清康の血を受けた広忠・家康しかいない。それ以外の松平一族は、内訌《ないこう》の危機をもたらすだけの存在でしかない。果たして、譜代家臣にそのように評価される存在が一門衆たりうるだろうか。

第一部第二章で述べたように、家康は三河統一後に譜代家臣（酒井忠次・石川家成）を東西の旗頭として、その下に松平一族と国衆を置いた。譜代家臣の下に一門衆である松平一族を置く画期的な軍制と評価する向きもあるが、そもそも家康や徳川家臣団は松平一族を一門衆とみていなかったのである。江戸時代、大名は親藩・譜代・外様に分類されたが、松平一族は親藩ではなく、譜代に分類されたこともその証左といえるだろう。

次郎三郎
-----松平広忠--------次郎三郎
蔵人佐
徳川家康

安城松平家の嫡流は、本来
三ツ木松平信孝なのでは？

次郎三郎
蔵人佐
-----徳川家康

図２－５：三ツ木松平家の系図

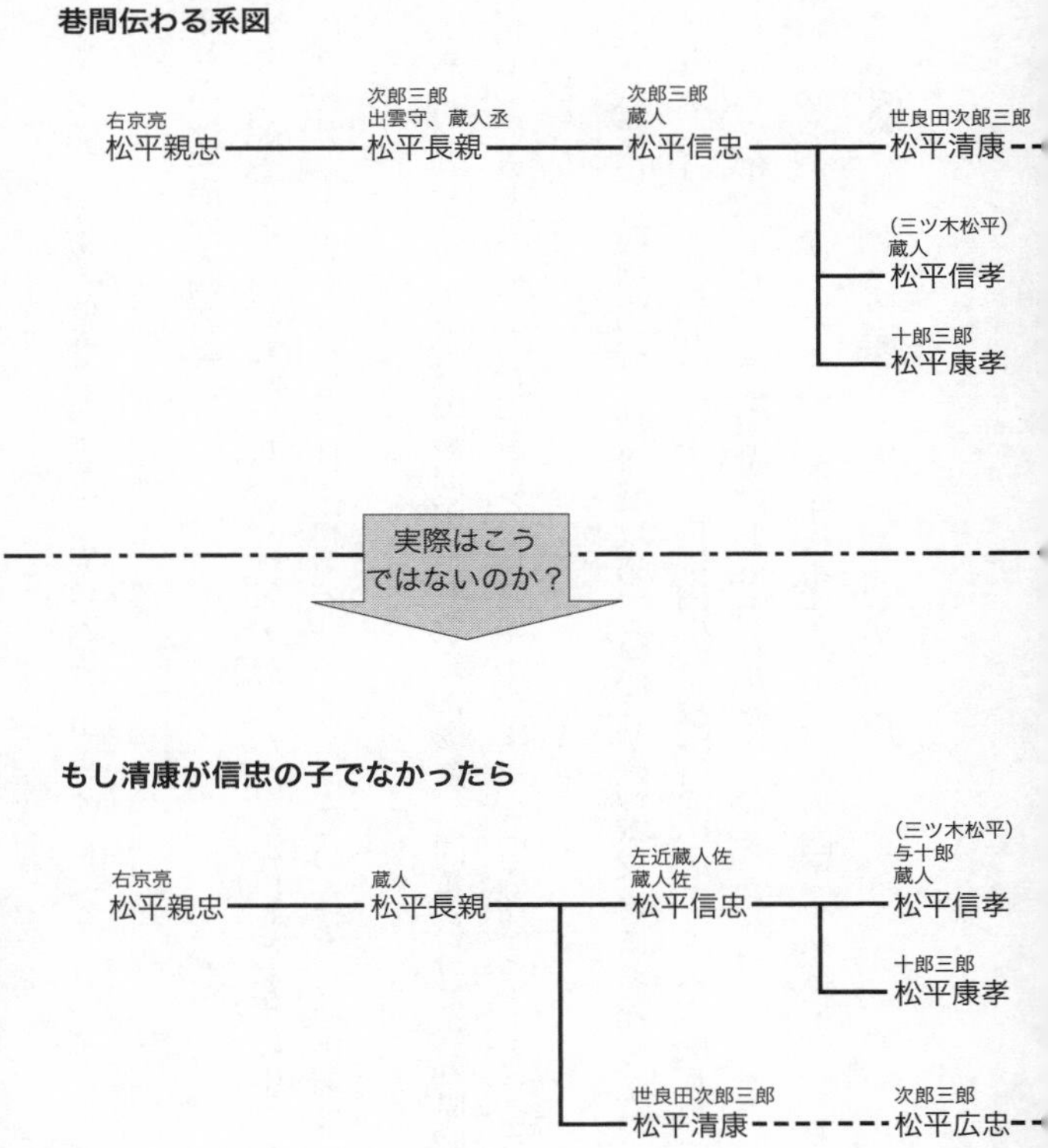

第二節　松平甚太郎康忠——実は四男・忠吉？

松平甚太郎家忠の人物概要

松平甚太郎家忠（一五五六〜八一）は父・忠茂《ただしげ》が討ち死にした年に生まれた。幼名は亀千代《かめちよ》。母は松井《まつい》松平忠次《ただつぐ》（一般には康親《やすちか》）の妹である。そのため、幼年期は伯父《おじ》・忠次が家宰を取った。

天正《てんしょう》六（一五七八）年三月の駿河田中《たなか》城攻めに参陣。同年八月に牧野原《まきのはら》城に在番。

天正七（一五七九）年九月に家忠は松井松平忠次、牧野《まきの》康成《やすなり》とともに持舟《もちふね》（用宗《もちむね》、持宗とも書く）城を攻める。

翌天正八年には駿河田中・持舟城攻め、遠江高天神《とおとうみたかてんじん》城攻めに参陣している。

天正九（一五八一）年九月二十一日に病気で牧野原城から東条に戻り、同年十一月一日に死去した。享年二十六。室は深溝《ふこうず》松平家忠の妹。

家忠には子がなかったため、前年に生まれた家康の四男・福松丸《ふくまつまる》（のちの忠吉）に東条松平家を継がせ、忠康と名乗らせた（『徳川諸家系譜』）。

松平甚太郎忠康（薩摩守忠吉）の人物概要

松平薩摩守忠吉（一五八〇〜一六〇七）は天正八年九月十日に浜松城で生まれた。幼名は於次《おつぎ》、福松丸、初名は忠康（本書では「忠吉」で表記を統一する）。母は西郷局。二代将軍・秀忠《ひでただ》の一歳年下の同母弟で、仲がよかったという。

天正九（一五八一）年十二月二十日、東条松平家忠の死去にともない、二歳で東条松平家を継いだ。

翌天正十年に駿河国沼津《ぬまづ》に四万石を賜った。次いで、小田原北条《おだわらほうじょう》家との国境に位置する重要拠点・三枚橋《さんまいばし》城（静岡県沼津市）を与えられ、後見人として松井松平忠次を置いたが、忠吉は浜松《はままつ》城に留め置かれたままだったという。

天正十二（一五八四）年、小牧《こまき》・長久手《ながくて》の合戦後の秀吉との講和で、異母兄・於義丸《おぎまる》（のちの結城秀康《ゆうきひでやす》）とともに忠吉も人質として大坂に送られた。

天正十八（一五九〇）年八月に家康が関東入国すると、駿河三枚橋城は秀吉家臣の中村《なかむら》家の管轄となった。忠吉には武蔵忍《むさしおし》城が与えられたが、忠吉の大坂からの帰着が遅れたため、深溝松平家忠が代理で忍を治めた。通常なら、後見人の松井松平忠次が代理として忍を治めるべきなのだろうが、忠次が天正十一年六月に死去してしまったため、養母の兄にあたる深溝松平家忠が選ばれたと考えられる。

翌天正十九年一月に忠吉は帰着したが、しばらく江戸城にとどまり、天正二十（一五九三）年二月十九日に改めて忠吉に武蔵忍城一〇万石が与えられた。

同文禄元年十月十一日、忠吉は井伊《いい》直政《なおまさ》の娘（松井松平忠次の孫娘）と結婚。忠吉は十三歳、妻の年齢は不明だが、直政の結婚が天正十一年一月なので、九歳以下だったと推測される。夫婦の間には五年後の慶長《けいちょう》二（一五九七）年一月十一日に長男が誕生したが、十六日後に死去している。

慶長五（一六〇〇）年九月十五日の関ヶ《せきが》原《はら》の合戦では義父・井伊直政とともに先鋒《せんぽう》を務め、疵《きず》を負った。戦後、「忠吉は伏見にあって、戦火をうけた伏見城とその城下町の再建・復興にあたった。（中略）家康にとって朝廷対策も重要で、まず、後室・公家・門跡領の確定を企図した。実施の責任者は伏見にいた忠吉で、（中略）父家康の代理たるべき役割を果たすものであった。京都の朝廷や大坂城の豊臣秀頼、さらに西国の豊臣恩顧の諸大名らに対する、家康不在の際の押さえとして期待されていたのである」（『新修　名古屋市史』第二巻）。

同慶長五年十一月十五日に尾《お》張清須《わりきよす》五七万二〇〇〇石に転封されたが、実際は伏見《ふしみ》・大坂で政務を執っていたらしい。しかし、忠吉は慶長九年頃から病床に臥《ふ》し、慶長十一年には異母兄・結城秀康が代わりに伏見在留となった。

なお、話は前後するが、忠吉は慶長六（一六〇一）年三月二十八日に従四《じゅし》位《い》下侍従《のげじじゅう》、慶長十（一六〇五）年四月十六日に従三位《じゅさんみ》左近衛《さこんえの》権《ごんの》中将《ちゅうじょう》に叙任され、翌慶長十一年四月十一日に薩摩守に改称している。

慶長十二（一六〇七）年三月五日死去。享年二十八。忠吉は子がないまま死去したので東条松平家は無嗣廃絶となり、清須藩は実弟・徳川義直《とくがわよしなお》（尾張徳川家の祖）が継いだ。妻は井伊家に戻された。

松平家の家紋

徳川家の家紋が「三つ葉葵《あおい》」であることは有名だが、家康以前に分かれた「十四松平家」は「三つ葉葵」を使用していない。『寛政重修諸家譜』によれば、元々は「三つ葉葵」を使っていたが、徳川家に憚《はばか》って他の家紋に代えたと述べている（以前から「三つ葉葵」を使用していたかは非常に疑問であるが）［表2―1］。

したがって、東条松平家忠も「三つ葉葵」以外の何がしかの家紋を使っていたのだろうが、『寛政重修諸家譜』には記述がなく、どのような家紋を使っていたかは不明である。「徳川十六将図」で松平甚太郎康忠の衣服には「三つ葉葵」が付けられているので、家忠ではなく、忠康（忠吉）だと考えるべきかもしれない。

考
とは三葉葵を用ふ。後嗣はゞかりて一引にあらたむ。
とは丸に三葉のむかひ葵を用ふ。後蔦葉及び丸に八丁子に改む。利文字の紋は牧御陣のとき、家信利即是の三文字を書る旗をさせしよりこのかた、家紋に用といふ。
と葵を用ひ、のちはゞかりて葡萄の葉にあらたむ。
じめ丸に開扇をもちふ。
とは丸に三葵及び三布白の幕を用ふといへども、慶長中よりこれをはゞかるとふ。
とは丸に葵の紋たりといへども、尚栄が時憚りて今の紋に改むといふ。
とは丸に三葵を用ふ。家乗がとき憚りて今の紋にあらたむ。
とは葵を紋とす。康親のときはゞかりて梅を用ふといふ。
とは葵を紋とす。忠重のときよりこれを憚り、つねは九曜以下の三を用ひ、武にはなを葵を用ふといふ。
とは丸に葵の紋を用ふといへども、のちはゞかりて葵のうらに象り、鳩酸草をちひ、これを埋酸とゝなふ。
永系図に沢瀉（おもだか）を以家紋とす。
とは葵を用ひ、中世花丁子にあらたむ。

用する場合があるが、本家筋のみの記述にとどめた。
葉葵に形状が似ているため、納得できるが、
と考えている。

表2－1：十四松平の家紋

流れ	家系	家紋
泰親・信光の庶流	竹谷	丸の内一引、五枚根笹
	形原	丸に利文字、蔦葉、八丁子
	大草	丸に剣菱
	五井	丸に一葉の葡萄、丸に鳩酸
	深溝	重扇、五葉の実橘
	能見	丸に花葵、丸に鳩酸草、飯 五分銅、五七桐
	松平郷	藤輪の内に葵、五三桐
親忠の庶流	大給	一葉葵、蔦
大給庶流	宮石	丸に筋抜蔦
	瀧脇	丸に蔦、沢瀉
長親庶流	福釜	丸にむかふ梅
	桜井	九曜、桜、蛇目
	藤井	埋酢、五三桐、桜
信忠庶流	三ツ木	丸に蔦、鬼蔦
松平庶流	長沢	花丁子
	麻生	丸に桔梗、九曜、蔦葉

※出典：『寛政重修諸家譜』より作成。各家とも分家が異なる
※鳩酸草（かたばみ：酢漿草とも書く）、及び蔦紋が多い。鳩
　蔦紋の多用は説明できない。筆者は松平家が元々蔦紋を使用

第二章　「旗本七備」の部将たち

第一節　酒井左衛門尉忠次――知略に富む戦略家

酒井忠次の人物概要

酒井《さかい》左《さ》衛門尉《えもんのじょう》忠次《ただつぐ》（一五二七～九六）は「徳川四天王」の一人。家康より十五歳年長で、通称を小五郎《こごろう》、のち左衛門尉、左《さ》衛門督《えもんのかみ》と称す。徳川家の重臣の家に生まれ、兄（もしくは伯父）の酒井将監《しょうげん》忠尚《ただよし》の失脚により、筆頭家老となった。

家康が三河を統一すると、東三河の要衝・吉田城代に登用され、「三備《みつぞなえ》」改革で東の旗頭として東三河の国衆や松平《まつだいら》一族を率いた。姉川《あねがわ》の合戦、三方原《みかたがはら》の合戦で主翼を担い、長篠《ながしの》の合戦では信長《のぶなが》に進言して鳶ヶ巣山砦《とびがすやまとりで》を夜襲、勝利に貢献した。

家康は若手の中から本多《ほんだ》忠勝《ただかつ》や榊原康政《さかきばらやすまさ》のような猛将を好んで抜擢《ばってき》したが、忠次はかれらとは全くタイプの異なる智将であり、大局観があって無駄な戦を好まず、家康に出陣を諫《いさ》めることも少なくなかった。情報収集能力・判断力にすぐれ、しばしば先鋒《せんぽう》や先遣隊、殿軍《しんがり》を任された。天正《てんしょう》十六（一五八八）年に致仕して、慶長《けいちょう》元（一五九六）年に京都で死去。享年七十。

妻は家康の叔母《おば》・碓井《うすい》姫（於久《おひさ》、臼井姫、吉田姫ともいう）。碓井姫ははじめ長沢《ながさわ》松平政忠《まさただ》に嫁いで康忠《やすただ》を産み、永禄《えいろく》三（一五六〇）年の桶狭間《おけはざま》の合戦で政忠が討ち死にすると、酒井忠次に再縁した。

嫡男・**酒井宮内大輔家次**《くないのたいふいえつぐ》は関東入国で下総臼井《しもうさうすい》三万石を賜り、上野高崎《こうずけたかさき》藩五万石を経て越《えち》後高田《ごたかだ》藩一〇万石に転封となった。子孫は信濃《しなの》松代《まつしろ》藩を経て、出羽《でわ》鶴岡《つるおか》藩（通称・庄内《しょうない》藩）一七万石を領した。

酒井家の家紋は「丸に酢漿草《かたばみ》」「沢瀉《おもだか》」である。「徳川十六将図」では衣服に家紋を付けていることが多いが、酒井忠次は酢漿草紋を付けられている［図2―6］。

家中でも大身

忠次は家老の家柄で、国人領主並みの動員力があったようだ。

家康の父・広忠《ひろただ》の死後、「御家督の竹千代《たけちよ》（家康）殿駿府に御座候間、三河衆半分は皆今

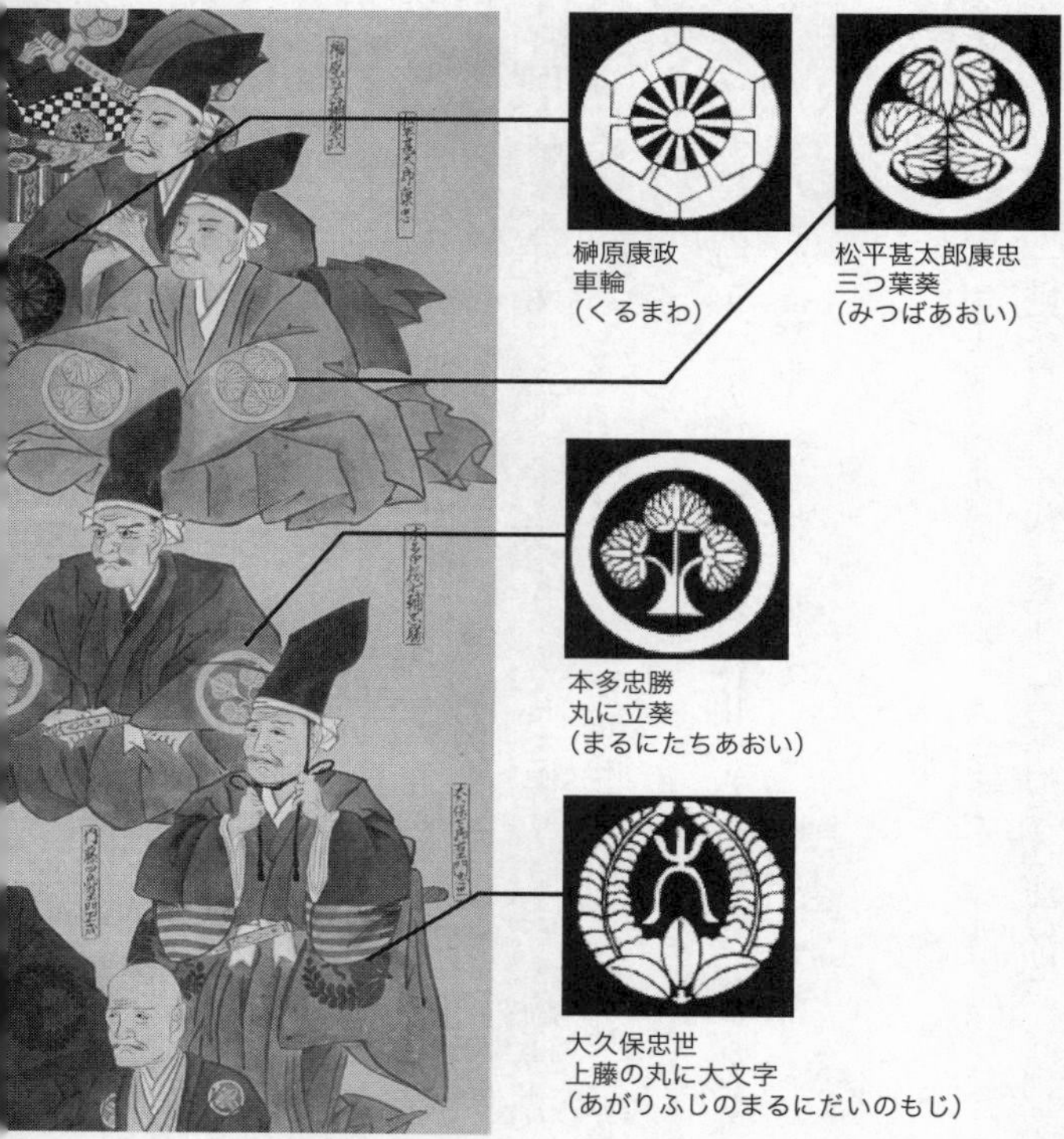
榊原康政
車輪
（くるまわ）
松平甚太郎康忠
三つ葉葵
（みつばあおい）
本多忠勝
丸に立葵
（まるにたちあおい）
大久保忠世
上藤の丸に大文字
（あがりふじのまるにだいのもじ）

個人蔵

図2－6：十六将の家紋①

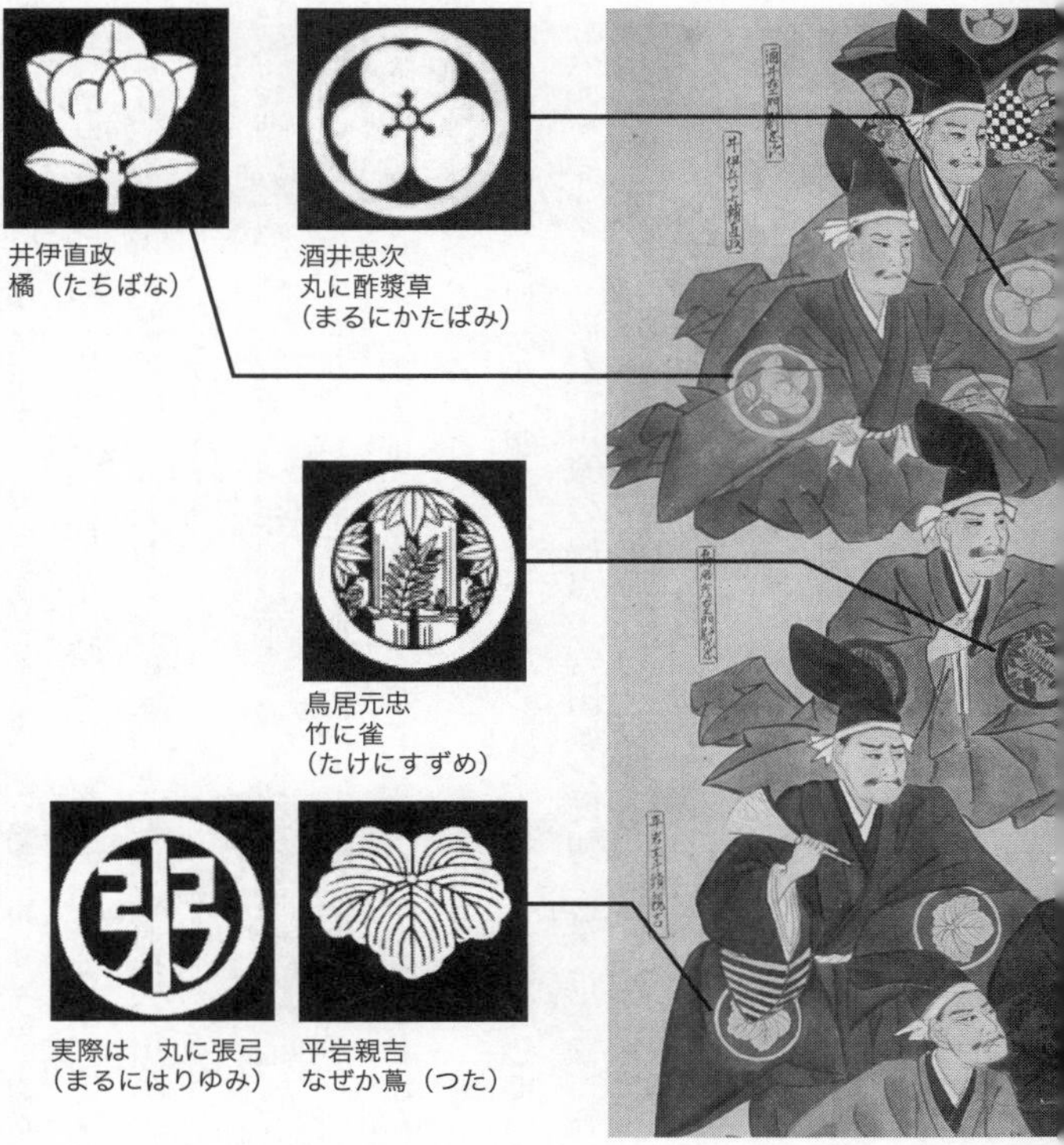
井伊直政
橘（たちばな）
酒井忠次
丸に酢漿草
（まるにかたばみ）
鳥居元忠
竹に雀
（たけにすずめ）
実際は　丸に張弓
（まるにはりゆみ）
平岩親吉
なぜか蔦（つた）

川殿へ出仕被申《もうされ》。殊に一門の中に手も一分を被立《たてられ》し人々、大給和泉守《おぎゅういずみのかみ》（松平親乗《ちかのり》）殿、酒井将監（忠尚）殿、酒井左衛門尉（忠次）殿、桜井内膳《さくらいないぜん》（松平家次《いえつぐ》）殿などは、皆在府被成《なされ》候」（『松平記』）。つまり、今川占領下で、三河の有力者は家康と別個に直接今川傘下に組み入れられたのだが、忠次もその一人だったのだ。

桶狭間の合戦以前の弘治《こうじ》二（一五五六）年、尾張との国境に位置する三河福谷《うきがい》（愛知県みよし市福谷）に織田軍への備えとした砦を構え、酒井忠次を守将としている。大久保新八郎《おおくぼしんぱちろう》忠勝《ただかつ》、渡辺八右衛門義綱《わたなべはちえもんよしつな》、杉浦八郎五郎吉貞《すぎうらはちろうごろうよしさだ》らが与力として附けられているが、酒井家単独で砦を守る軍が構成できたのだろう。

また、徳川家中の有力者と他家から認識され、しばしば子女を人質に出している。

永禄七（一五六四）年、東三河の今川家の拠点・吉田城（愛知県豊橋市今橋《とよはしいまはし》）と和睦《わぼく》し、開城させた際、家康は異父弟・久松松平源三郎勝俊《ひさまつげんざぶろうかつとし》と酒井忠次の娘を人質として今川方につかわした（忠次の娘は今川氏真《うじざね》が駿河《するが》を追われた際、酒井家に戻り、のち五井松平外記伊昌《ごいげきこれまさ》の妻となった）。

天正十（一五八二）年十月、甲斐《かい》で対峙《たいじ》した小田原北条家《おだわらほうじょう》と和睦した際も、家康は次女・督姫《とくひめ》を北条氏直《うじなお》に嫁がせ、忠次の長男・酒井小五郎家次《いえつぐ》を人質として小田原に送った。

天正十八（一五九〇）年、小田原合戦の際には、忠次の次男・酒井九十郎《くじゅうろう》（のち本多縫殿助《ぬいのすけ》康俊《やすとし》）を人質として京都の秀吉のもとに送った。

敵側にとって、忠次の子女は価値が高かったのだ。徳川家における忠次の位置付けが示唆される。

家康に進言する知将

忠次は戦況を見極める能力に優れ、戦いをどう進めていくかをたびたび進言している。長篠の合戦において、忠次が信長相手に進言した知略は特に有名である。

武田《たけだ》勝頼《かつより》は遠江《とおとうみ》の高天神《たかてんじん》城を降し、次いで三河の足助《あすけ》城、野田《のだ》城を陥落させ、長篠城を囲んだ。天正三（一五七五）年五月、織田・徳川連合軍は長篠城の西におおよそ三キロメートルに位置する設楽原《しだらがはら》に陣を敷いた。

忠次は軍議の席で「鳶ヶ巣山砦を奇襲すれば、長篠城の味方は力を得て、敵陣は憔悴《しょうすい》するでしょう」と進言した。鳶ヶ巣山砦は長篠城を監視するために、その東側に武田軍が設けた砦で、そこが織田・徳川連合軍の手に渡れば、長篠城を囲む武田軍は背後を脅かされることになる。

しかし、信長はカラカラと笑って「さような計略は三河・遠江あたりの百騎、二百騎の小競り合いでは有効だろうが、武田軍相手にそんな小さなスケールの計略が効くと思うか」と大声で批判。忠次は赤面して退場した。

軍議が終わると、信長は家康、忠次を秘《ひそ》かに呼び寄せ、「鳶ヶ巣山の襲撃はなるほど名案である。しかしながら、敵の間者（スパイ）が聞いている可能性もあったので、演技したのだ。誰を加勢させればよいか」と尋ねたので、忠次は「私どもは彼の地をよく存じておりますので、検使を附けていただければ、それで構いません」と回答。信長は喜んで家臣の金森《かなもり》五郎八長近《ごろうはちながちか》、佐藤六左衛門《さとうろくざえもん》等を忠次に附けた。

家康は忠次に本多豊後守広孝《ぶんごのかみひろたか》、松井松平周防守忠次《まついすおうのかみただつぐ》（一般には康親《やすちか》）、牧野新次郎康成《まきのしんじろうやすなり》、菅沼新八郎定盈《すがぬましんぱちろうさだみつ》、本多彦八郎忠次《ひこはちろうただつぐ》、西郷孫九郎家員《まごくろういえかず》等三〇〇〇余の軍を附け、奥平監物貞勝《おくだいらけんもつさだかつ》、名越喜八郎《なごしきはちろう》を案内者として加勢させた。

夜明けとともに、設楽原では武田軍が攻撃を開始し、合戦の火ぶたが切って落とされた。その一方、忠次率いる軍勢は鳶ヶ巣山砦を陥落させる。武田軍は退路を断たれ、突撃を続けるしかなかった。かくして、忠次の奇襲は大成功を収め、長篠の合戦の勝利に大きく貢献した。

忠次が進言した話はこれに留《とど》まらない。

長篠の合戦の後、家康は遠江侵攻を加速させ、二俣城《ふたまた》（浜松市《はままつ》天竜区《てんりゅう》）を囲み、諏訪原城《すわのはら》

（島田市《しまだ》）を陥落させる。余勢を駆って小山城《こやま》（静岡県吉田町）を攻めようとした。忠次は「周囲の城も落ち、残る城も次第に徳川の手に落ちるだろうから、帰陣して兵馬を休ませて下さい」とこれを制したが、石川数正《いしかわかずまさ》・松井松平康重《やすしげ》が攻城を進言。結局、小山城を囲むこととなった。すると、勝頼は二万の兵を率いて大井川《おおいがわ》岸に陣を敷いた。ここに至って家康は交戦の利にあらずと悟った。忠次は「河原に沿って、敵に対峙する躰《てい》で退陣してはどうでしょうか」と進言して殿軍《しんがり》を務め、撤兵を成功させた。

天正二（一五七四）年九月、武田勝頼が浜松城を急襲すべく天龍川《てんりゅうがわ》の対岸に陣取ったが、忠次が川岸に軍を備えたために、武田軍は渡河することができず、撤退を余儀なくされた。一戦も交えることなく敵を退《ひ》かせた知略に、家康も感服したという。

また、天正七（一五七九）年に武田勝頼が駿河木瀬川《きせがわ》にて小田原北条家と対陣すると、家康は勝頼を挟撃すべく駿河に出陣した。忠次は「徳川が駿河に出陣すると、勝頼は木瀬川から退いて我々を相手にするだろう。敵国・駿河に深入りするのはいかがなものでしょう」と諫言《かんげん》して出陣に従わなかった。結局、忠次の諫言した通りに勝頼が反転、家康は帰陣を余儀なくされた。忠次はこれを迎えて殿軍を務めたので、家康から褒賞されたという。

信長・秀吉《ひでよし》の場合、家臣からの進言で戦い方を変えたという話は余り聞かない（筆者の勉強不足かもしれないが）。これに対して、徳川家臣団では忠次に限らず、家臣からの進言が多く、そして家康はよくその意見を取り入れている。こうした家風は忠次がいたからこそ醸成されたのではないか。

軍略にすぐれた東の旗頭

永禄十（一五六七）年の「三備」改革で、忠次は東の旗頭に任じられ、旗下には東三河の国衆や松平一族が附けられた。忠次は戦略眼にすぐれており、合戦では先鋒を務めたり、先遣隊として派遣されたりすることが多かった。徳川家臣団では他の家臣とは別格、家康に次ぐナンバー2の存在だったのだ。

永禄八（一五六五）年、東三河の今川方の拠点・吉田城（愛知県豊橋市今橋）攻めで先鋒を務めた。この合戦で、家康は三河から今川勢を一掃することに成功する。

永禄十一（一五六八）年十二月に遠江引佐《いなさ》（浜松）を攻略するにあたり、「酒井左衛門尉忠次をして、遠江に入り形勢を観望せしめた」（『徳川家康と其周囲』）。

元亀《げんき》元（一五七〇）年六月の姉川《あねがわ》の合戦では先鋒を務め、朝倉《あさくら》軍を破って軍功があった。

元亀三（一五七二）年十二月の三方原の合戦にて、忠次は織田信長からの援将（佐久間《さくま》信盛《のぶもり》）等とともに「鶴翼《かくよく》の陣」の右翼を構成。武田軍の山県三郎兵衛尉昌景《やまがたさぶろうひようえのじようまさかげ》の隊を破って、小山田備中守信茂《おやまだびつちゆうのかみのぶしげ》の隊と一進一退の戦を繰り広げるが、武田軍の援兵により堪《こら》えきれずに軍を退いた。

天正十（一五八二）年六月、本能寺の変後に「神君伊賀《いが》越え」で岡崎に戻ると、惟任《これとう》（明智）光秀を討つために忠次を先鋒として差し向けた。家康は山崎《やまざき》の合戦の報を耳にすると、甲斐・信濃の侵攻に反転、忠次は信濃攻めの先鋒を任された。

天正十二（一五八四）年三月の小牧・長久手の戦いでは、当初、主戦場は北伊勢《きたいせ》方面になると想定されており、忠次は先鋒を任されて伊勢桑名《くわな》に出陣した。ところが、美濃《みの》・尾張で突如合戦が起き、局面がガラリと変わってしまう。家康は忠次を至急尾張に向かわせた。すると、忠次は持ち前の情報収集能力を発揮して、森長一《もりながかず》（長可《ながよし》）の兵が三〇〇〇余騎にて羽《は》黒《ぐろ》（犬山《いぬやま》市羽黒）に在陣することを察知。「『鬼武蔵』といわれた森を討ち果たし、三河武士の武勇を京にも知らしめるべし」と提言。犬山方面に出陣し、楽田《がくでん》（犬山市城山《しろやま》）・羽黒・五《ご》郎丸《ろうまる》（犬山市五郎丸）辺りの民家に火を放って羽黒砦を三方から攻撃した。森は堪《たま》らず美濃方面に敗走。忠次はこれを追撃して三百余の首を討ち取った。

このように、重要な局面で、忠次は先鋒や先遣隊を担わされていたのだ。

大名並みの権限を付与され、外交でも手腕を振るう

永禄八（一五六五）年三月（一説に六月）に今川方の拠点・吉田城（愛知県豊橋市今橋）が

開城すると、忠次は吉田城の城代に抜擢《ばってき》される。単に城を預かっただけではなく、「酒井忠次は寺領安堵や不入権《ふにゅうけん》付与という、いわば大名権力に属するような権限」を与えられていた（『徳川権力の形成と発展』）。

やや古い書籍ではあるが、一九五八年刊『徳川家康文書の研究（上巻）』で収録された書状のうち、本能寺の変以前で徳川家臣が関わった三十三件のうち、おおよそ三分の一にあたる十件に忠次が関わっている（本能寺の変後は武田旧臣に対する宛行状《あてがいじょう》が異様に多いため、それ以前で集計した）。次いで、石川数正が七件、石川家成《いえなり》・榊原康政・大給《おぎゅう》松平真乗《さねのり》が三件ずつである。

たとえば、永禄四（一五六一）年の東三河の国人領主（菅沼定直《さだなお》、西郷清員《きよかず》）あての書状に「猶《なお》左衛門尉可申入候《もうしいるべくそうろう》」との文言があり、家康の書状を携えて詳細を伝達している様がうかがわれる。また、永禄十二（一五六九）年の遠江の国人領主・大沢基胤《もとたね》等が家康に降った際に誓書を交わしたりしている。

外交面でも忠次は徳川家臣を代表する立場にあった。永禄十一（一五六八）年十二月、武田信玄《しんげん》は駿河へ侵攻するにあたって家康と駿遠分割の約定をせんがため、穴山信君《あなやまのぶただ》を酒井忠次の許《もと》に派遣している。

しかし、家康は信玄を牽制《けんせい》するために上杉謙信《うえすぎけんしん》との同盟を試みた。翌永禄十二年二月、家康は上杉家臣・河田豊前守長親《かわだぶぜんのかみながちか》と音信を通じた。当時は相手の家臣を通じて書状のやりとりをすることが多かったからだ。当然、謙信からは忠次等に書状が送られた。元亀元（一五七〇）年に謙信の使僧が浜松を訪れ、酒井忠次、石川家成・数正に謙信の思いを伝えた。同元亀元年十月、家康はそれを受けて謙信に誓書を送り、酒井忠次が村上源五国清《むらかみげんごくにきよ》に謝状を送っている。

宴会芸もできるスゴ腕営業マン？

忠次はユーモア溢《あふ》れる性格だった。三方原の合戦は年末の十二月二十二日に開戦。両軍が睨《にら》み合いの状況で翌年の正月を迎えた。その後合戦に勝利した武田軍が「まつかれて　たけたくひなし　あしたかな」との落首をしたためた。松（旧姓・松平）が枯れて、竹（＝武田）が「たくひなし」（類《たぐい》なしの旧仮名遣い）という句で、さすがの徳川家中もうなだれた。忠次（家康という説もある）はこれを見て「ひ」に濁点をつけ加えた。「たけた（武田）くび（首）なし」と一発逆転の句になって、みなは歓声を上げ、場が大いになごんだという。

長篠の合戦の勝利で、忠次は信長より薙刀《なぎなた》（陣羽織《じんばおり》、もしくは忍轡《しのびくつわ》という説もある）を下賜される栄誉に浴し、「汝《なんじ》は後ろにも目が付いているようだ」と褒められる。すると、忠次は「いえ、（正面を向いたまま）後ろを見ることはできませんでした」と答えて笑いを誘った。

また、天正十四（一五八六）年三月に家康が北条氏政《うじまさ》と会見した時、忠次は酒宴で海老掬《えびすく》いという滑稽《こっけい》な宴会芸を披露したという。仕事が出来て、宴会も盛り上げる。昭和の営業マンなら満点だったに違いない。

謂れなき中傷

天正七（一五七九）年に家康の嫡男・岡崎三郎信康《おかざきさぶろうのぶやす》に謀反の噂が出た時、信長に呼ばれた忠次が一切弁明しなかったと伝えられる。そのこともあって、忠次の評価は低い。

大久保彦左衛門忠教《ひこざえもんただたか》が著した『三河物語』によれば、信長の娘で信康夫人の五徳《ごとく》が、信康の中傷をしたためた書状を酒井忠次に持たせて信長の許に派遣。信長の詰問に忠次が「その通りです」と回答したことから、「徳川家中の老臣がすべてその通りというのなら疑いない。それなら、とても放置しておけぬ。切腹させよと家康に申せ」と命じたのだという。悪いのは家康・信康父子ではなく、すべて忠次の讒言《ざんげん》のせいだというのだ。

ところが、『松平記』によると、「信長おどろき給ひ、酒井左衛門尉（忠次）・大久保七郎右衛門《しちろうえもん》（忠世《ただよ》）を呼《よん》て、三郎（信康）殿へ、内々酒井を初て皆々家老数度異見有しかども用《もち》給《いたま》はず。其比酒井とも大久保とも、三郎殿不快にて御座候時分なりし間、信長御腹立ち、『か様の悪人にて家康の家をなにとして相続あらん、後には必《かならず》家の大事と成らん』といかり給ふ」と、酒井忠次だけではなく、大久保忠世（忠教の実兄）も信長の許に派遣され、同様に不満を述べていたという。しかも、信康が切腹させられた二俣城の城主は大久保忠世だ。

近年の研究では信康が処分されたのは、織田信長の命ではなく、家康が主導したといわれている。『当代記』では、信康が「父家康公の命を常に違背し、信長公をも軽んじたてまつられ、被官《ひかん》（＝家臣）以下に情なく非道を行わるる間《あいだ》かくのごとし。この旨を去《さんぬる》月酒井左衛門尉をもって信長へ内証を得らるる所、左様に父・臣下に見限られぬる上は是非に及ばず。家康存分次第の由返答あり」と、家康が信長の同意を得るために忠次（＋大久保忠世？）を使者として遣わしたと記している。

そうなると、忠次を悪者にしたのは、家康を嫡男殺しの汚名から解放するための『三河物語』の創作ということになる。同犯の兄の名前を出さないところも確信犯だ。むしろ、兄を表に出さないように、意識的に忠次を悪者にした可能性が高い。

後日、忠次が子・家次《いえつぐ》の禄高《ろくだか》の低さを嘆くと、家康は「お前でも子がかわいいか」と皮肉ったといわれているが、これも創作だろう。

京都で死去

天正十四（一五八六）年十月に家康が上洛した際、忠次も付き随った。秀吉は忠次に京都桜井《さくらい》の宅地、在京料として近江《おうみ》に一〇〇〇石を与えた。天正十六（一五八八）年に忠次は致仕して、慶長元（一五九六）年に京都で死去した。享年七十。勘ぐりすぎかもしれないが、秀吉は知恵者の忠次を家康から引き離そうとしたのではなかろうか。

第二節　榊原式部大輔康政――秀吉を罵倒して大出世

榊原康政の人物概要

榊原式部大輔康政《さかきばらしきぶのたいふやすまさ》（一五四八～一六〇六）は「徳川四天王」「三傑」の一人。幼名・亀《かめ》、通称を小平太《こへいた》、式部大輔という。はじめ家老・酒井将監忠尚《しょうげんただよし》の小姓《こしょう》だったが、永禄三（一五六〇）年、十三歳の時、大樹寺《だいじゅじ》で拝謁し、家康に召し出されて側近く仕えた。

永禄六（一五六三）年の三河一向一揆で、旧主・酒井将監が籠もる上野上村《うえのかみむら》城攻めに従い、十六歳で初陣を果たした。この頃、家康から偏諱《へんき》を賜り、康政と名乗る。永禄七（一五六四）年の吉田《よしだ》城攻めでは十七歳で、本多忠勝《ほんだただかつ》、鳥居元忠《とりいもとただ》らと先鋒《せんぽう》を承った。

永禄十（一五六七）年の「三備《みつぞなえ》」改革で旗本一手役之衆に抜擢《ばってき》された。元亀《げんき》元（一五七〇）年の姉川《あねがわ》の合戦にて、朝倉軍が優勢だったところ、康政は本多広孝《ひろたか》とともに旗本を指揮し、家康から敵軍の横を突けと下知される。この作戦が見事にあたり、康政・広孝率いる隊が朝倉軍の横っ腹を突き、形勢は逆転。織田・徳川軍の勝利となった。

天正《てんしょう》十二（一五八四）年の小牧《こまき》・長久手《ながくて》の合戦で康政は先陣を承り、秀吉軍の戦意をくじくため、秀吉を罵倒《ばとう》した檄文《げきぶん》を触れ回した。秀吉は激怒したが、戦後には高く評価したという。

天正十八（一五九〇）年の関東入国で上野館林《こうずけたてばやし》一〇万石を賜った。石高は井伊直政《いいなおまさ》の一二万石に次ぎ、本多忠勝と同列に位置付けられた。

慶長《けいちょう》五（一六〇〇）年の関ヶ原の合戦では、秀忠《ひでただ》とともに東山道《とうさんどう》（中山道《なかせんどう》）をのぼり、真《さな》田《だ》昌幸《まさゆき》が籠もる信濃上田城攻めに手こずって関ヶ原の決戦に遅れている。

慶長十一（一六〇六）年五月に死去。享年五十九。康政が病床に臥《ふ》すと家康から慰問の使者が派遣されたが、康政は「腸《はらわた》が腐って死にます」と答えた。康政は以前から本多正信《まさのぶ》を嫌っており、正信を「腸が腐ったようなヤツ」と評していたからだという。

康政の妻は、しばしば戦場でタッグを組んだ大須賀松平康高《おおすがまつだいらやすたか》の娘である。長男・出羽守《でわのかみ》忠《ただ》政《まさ》は外祖父の大須賀松平康高の養子となり、三男・**榊原遠江守《とおとうみのかみ》康勝《やすかつ》**が家督を継いだ。ところが、康勝は嗣子がないまま、二十六歳で死去してしまう。そこで、家康は忠政の長男・**榊原式部大輔忠次《ただつぐ》**（一六〇五～六五）に大須賀家を継ぐか、榊原家に戻るか尋ね、結局、忠次が榊原家に戻り、大須賀松平家は無嗣廃絶となった。

忠次は陸奥《むつ》白河《しらかわ》藩一四万石、播磨《はりま》姫路《ひめじ》藩一五万石に転封となり、子孫は越後《えちご》村上《むらかみ》藩、播磨姫路藩に転封となった。後に榊原式部大輔政岑《まさみね》（一七一三～四三）は吉原の花魁《おいらん》・高尾太夫《たかおだゆう》を身請けして遊興にふけったと噂され、不行状のため蟄居《ちっきょ》。子の政永《まさなが》（一七三六～一八〇八）は寛保《かんぽう》元（一七四一）年に越後高田《たかだ》藩一五万石に転封された。

家紋は「車輪」「九曜」。「徳川十六将図」では衣服に家紋を付けていることが多いが、榊原康政は車輪紋を付けられている。

強気だったから抜擢された

康政ははじめ家老の小姓だったが、家康に認められて直臣となり、十七歳にして吉田城攻めで先鋒を承り、「三備」改革で二十歳にして旗本一手役之衆に抜擢される。

なぜ抜擢されたのか。どうやら家康は、部隊長には気が強いイケイケタイプが適任だと踏んでいたらしい。館林藩士・岡谷繁実《おかのやしげざね》が幕末に記した『名将言行録』は、康政の強気を示す逸話を載せている。

姉川の合戦の時、酒井忠次《ただつぐ》が先陣で、続く二陣が康政だった。酒井軍が川を渡り、高い岸を登っていこうとすると、康政は真一文字に進んで「えいえい」と掛け声をあげ、酒井の軍と競い合い、登りづらい難所を遮二無二《しゃにむに》に登っていった。先陣、二陣という序列をあえて守らず、先陣と競い合おうとする榊原のやり方は、二陣の見本だと家康は評したという（姉川の合戦で、二陣は小笠原《おがさわら》軍だったと伝えられるが、孫の榊原忠次が編纂《へんさん》した『御当家紀年録』では康政が二陣だと伝えている）。

三方原《みかたがはら》の合戦で徳川軍が敗れた後、康政は城に戻らず、武田軍が城を襲う場合に背後を突くように待機していた。ところが、武田軍が城を襲わなかったので、康政は武田勝頼《かつより》の陣に夜襲を掛けた。武田軍はまさか敗軍がその日のうちに夜襲を掛けてくるとは思わなかったので狼狽《ろうばい》したという。

また、知恵者ぶりも伝わっている。慶長四（一五九九）年一月、伏見に在京する家康を石《いし》田《だ》三成《みつなり》らが襲撃するという噂が立った。康政はこれを聞いて急ぎ上洛すると、近江勢田《おうみせた》（滋賀県大津《おおつ》市）で関所を設けて通行人を止め、三日後に解放した。すると、京都方面に一気に人だかりが出来、徳川家が大軍を率いて上京したとの誤報が飛び交った。かくして、反家康勢力は自重し、家康襲撃は未然に防がれたという。

活躍するのは戦場だけではない

榊原康政と本多忠勝は同い年で、ともに「徳川四天王」「三傑」に数えられており、互角の立場にあったと思われているが、当時の評価は康政の方が上だったようだ。一箇の武人（技術者）としては忠勝の方が優れているが、部将（管理者）としては康政が優れていたからだ。また、外交面でも活躍している。

『徳川家康文書の研究（上巻）』収録の書状を見ると、本多忠勝が発給する書状のほとんどが美濃・丹波の国人領主に対する添え状だった。これに対し、康政が関連する書状は対外的に重要な役割を担っていることを示唆させる（甲斐《かい》・信濃侵攻時の宛行状《あてがいじょう》発給の奉行人奉書は件数に含めていない）。

天正元（一五七三）年一月九日付けで上杉謙信《うえすぎけんしん》から康政宛に書状が送られている。家康は武田家を牽制《けんせい》する意味もあって、元亀元（一五七〇）年十月に謙信と同盟を結んでいたが、その後、疎遠になっていた。謙信は上野（群馬県）西部に入るつもりなので、康政から家康に武田家を牽制してくれるように促したのだ。康政が徳川家臣団でも名の知れた部将となり、外交を担うほどに出世したことを物語っている（『家康の臣僚　武将篇』）。天正十一（一五八三）年、本願寺光佐《ほんがんじこうさ》が康政に何事かについて家康への斡旋《あっせん》を依頼している。

翌天正十二年には小牧・長久手の合戦で保田安政《やすだやすまさ》（織田旧臣・佐久間盛政《さくまもりまさ》の実弟）が家康に呼応して紀伊・河内近辺で反秀吉の兵を挙げ、康政に対して戦功を報じてきたので、家康は保田にあてた返書にて「猶《なお》小平太（康政）可申候《もうすべくそうろう》」と詳細を伝達する役割を託している。

また、小牧・長久手の合戦後の天正十四（一五八六）年十一月、家康が上洛するにあたり京都屋敷を造営することとなったが、その調整を羽柴秀長《はしばひでなが》（秀吉の異父弟）家臣・藤堂高虎《とうどうたかとら》と康政の間で協議するように指示している。

このように、康政は外部からの依頼を受けたり、調整したりという役目を担っているが、本多忠勝にそれはない。徳川家臣団では、合戦でも外交でも酒井忠次が抜きんでた存在感を放っていたが、康政はその後継者になり得る才能を発揮していた。

人生を変えた小牧・長久手の合戦

天正十二（一五八四）年、小牧・長久手の合戦で康政は先陣を承り、秀吉軍の戦意をくじくため、「秀吉は信長から受けた君恩を忘れて、信長の子・信雄《のぶお》と兵を構えるなど、その悪逆非道さは甚だしい。秀吉に従う者は、みな義を知らない者だ」と檄文を触れ回した。秀吉はこれを聞いて激怒し、康政を討った者には望み次第恩賞を与えると叫んだ。

天正十四（一五八六）年に家康と秀吉が講和。康政が上洛すると、秀吉はわざわざ来訪して「小牧の合戦で檄文を見た時は、怒りに堪えられず、何とか汝《なんじ》の首を取ってやろうと思ったが、今では遺恨が散じ、却《かえ》って主君への忠義心に感服するばかりだ」と語り、康政の労をねぎらったという。

秀吉の目に留まって康政は大大名に出世する。天正十八（一五九〇）年の関東入国で、康政は上野館林一〇万石を賜ったが、秀吉が高禄《こうろく》を与えるように家康に指示したのだという。

しかし、たとえ秀吉の目に留まらなくても、家康をはじめとする徳川家臣団は、小牧・長久手の合戦における康政の成長に目を見張ったことだろう。

家康は清須城の織田信雄を訪れた後、小牧城に本陣を置いた。康政が「小牧城は信長公が築いた城で、もし秀吉軍がこの城に籠もると、尾張は一瞬にして制圧されてしまう。我が軍が不利になるので、いち早く小牧城を押さえるべきです」と進言し、酒井忠次もこれに同意した（『名将言行録』）。

天正十二年三月、秀吉軍の森長一《もりながかず》（長可《ながよし》）が三〇〇〇の兵を率いて小牧城を襲撃しようとすると、家康軍はその動きを察知し、酒井忠次率いる五〇〇〇の兵で奇襲をかけ、勝利を得た（羽黒《はぐろ》の合戦）。森の敗報を受けて、秀吉はおよそ一〇万（実際は二万弱らしい）の兵を率いて大坂城を出発。小牧の北東に位置する楽田《がくでん》に陣を張った。

天正十二年四月、両軍睨《にら》み合いのまま膠着《こうちやく》状態が続き、池田《いけだ》恒興《つねおき》が別働隊を指揮して三河に攻め込もうと発案。三好秀次《みよしひでつぐ》（のちの豊臣秀次）を大将として、池田・森ら一万六〇〇〇の兵で南下した。

家康はこの動きを察知して、榊原康政・大須賀康高ら四〇〇〇の兵を派遣。小牧城に酒井忠次・石川数正・本多忠勝らを置いて、家康は自ら小幡《おばた》城方面に南下。康政と連携して、まず康政に三好隊の背後を襲わせ、正面から家康本隊、および井伊直政隊で挟み撃ちにした。

秀次隊の森長一（長可）、池田恒興・之助《ゆきすけ》父子を討ち取る大勝利を収めた［図2—7］。

従来の家康の用兵であれば、康政ではなく酒井忠次を派遣するところであろう。しかし、小牧城の守備を重んじた家康は、忠次を留守隊として留め置いて自らが出陣。先遣隊として康政を派遣したのだ。

その後、天正十二年六月に尾張西南部の前田《まえだ》城攻め、蟹江《かにえ》城攻めが展開されたが、再び膠着状態に陥り、九月、家康は清須に酒井忠次、小牧に榊原康政、小幡に菅沼織部《すがぬまおりべ》を置いて岡崎に退いた。

家康は康政を小牧城に残すにあたって、「事によっては、わずか数百・数千の兵で秀吉の大軍を一手に引き受けることになる。康政一人が承知しても仕方ない。与力・家臣らにもよくよく言い含めてから返事せよ」と告げた。康政はいったん退いた後、「秀吉が大軍で攻めてきても、思うがままに防戦し、それが叶《かな》わなかったら討ち死にするだけのこと」と回答したので、家康は満足げに「勇猛果敢な者どもを康政の与力につけていたので、かくあるべし」とうなずいたという（『名将言行録』）。

また、戦後の論功行賞にあたって康政は奏者を務めている。

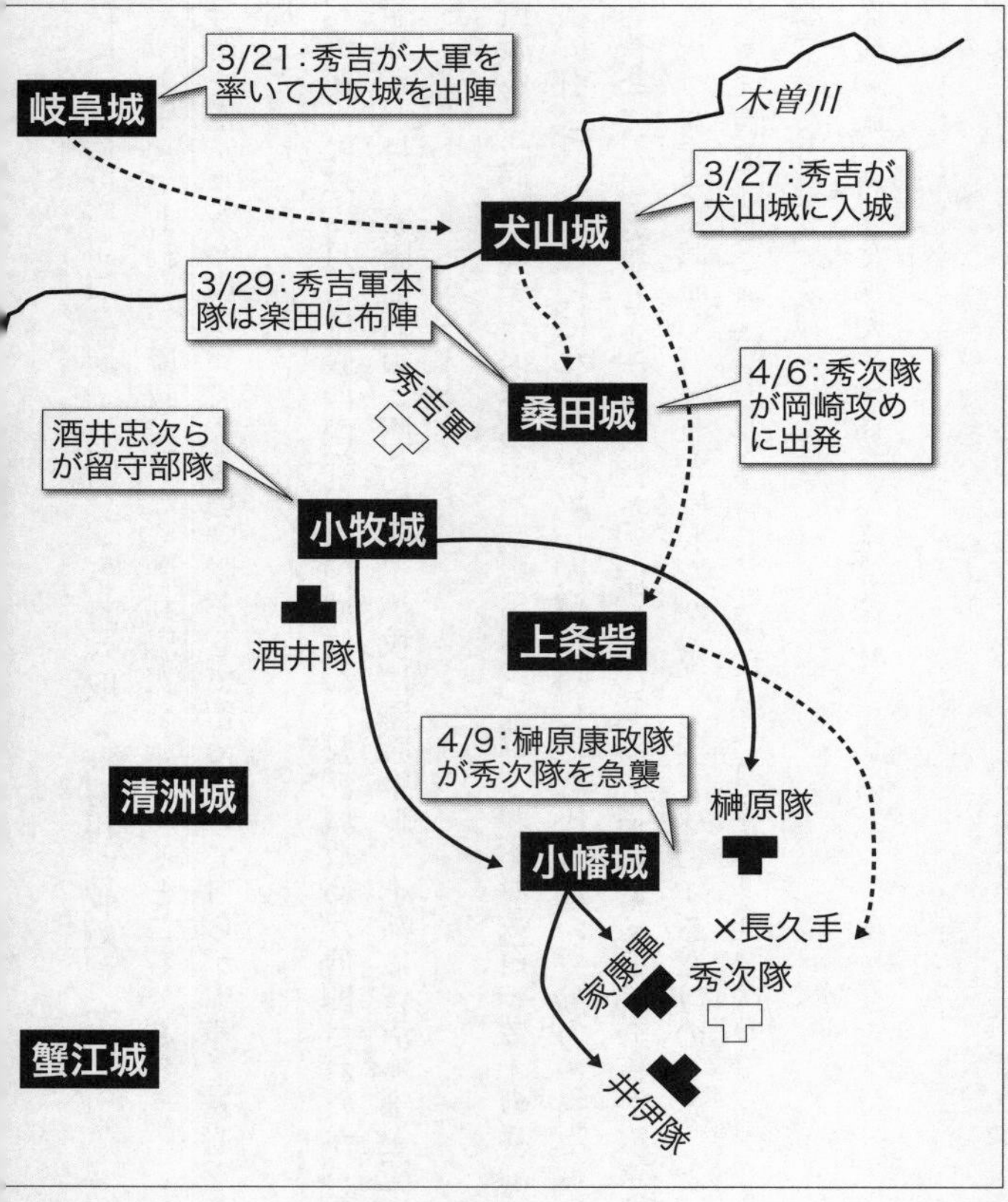

岐阜城
3/21:秀吉が大軍を率いて大坂城を出陣
木曽川
3/27:秀吉が犬山城に入城
犬山城
3/29:秀吉軍本隊は楽田に布陣
秀吉軍
桑田城
4/6:秀次隊が岡崎攻めに出発
酒井忠次らが留守部隊
小牧城
酒井隊
上条砦
4/9:榊原康政隊が秀次隊を急襲
清洲城
榊原隊
小幡城
×長久手
家康軍
秀次隊
井伊隊
蟹江城

図2－7：小牧・長久手の合戦

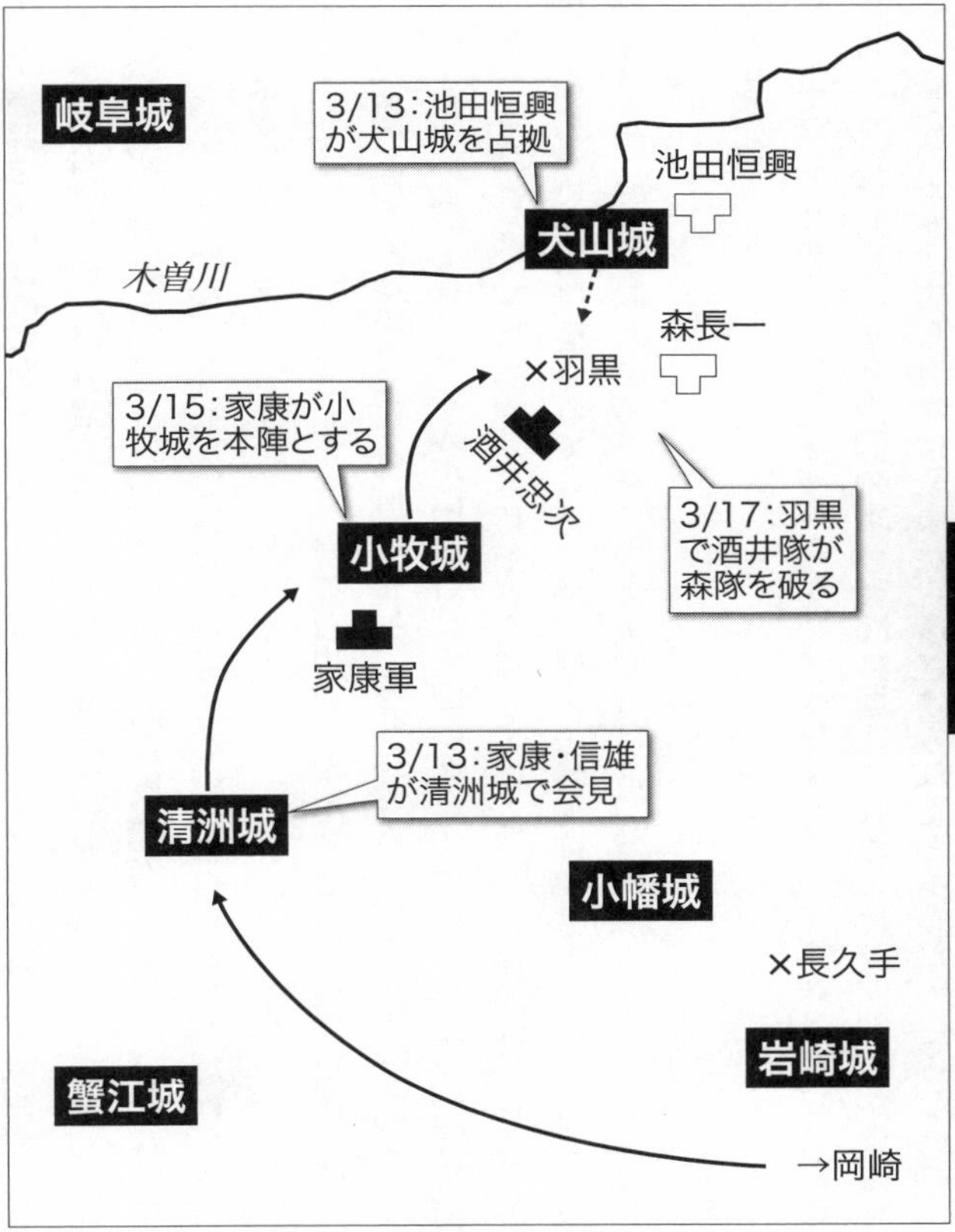
岐阜城
3/13：池田恒興が犬山城を占拠
池田恒興
犬山城
木曽川
森長一
×羽黒
3/15：家康が小牧城を本陣とする
酒井忠次
3/17：羽黒で酒井隊が森隊を破る
小牧城
家康軍
3/13：家康・信雄が清洲城で会見
清洲城
小幡城
×長久手
岩崎城
蟹江城
→岡崎

ナンバー2・酒井忠次の後継者か

小牧・長久手の合戦の時、酒井忠次は五十八歳、榊原康政と本多忠勝は三十七歳だった。そろそろ世代交代が視野に入ってきた頃で、事実、四年後の天正十六(一五八八)年に忠次は隠棲《いんせい》している。もし「三備」体制が続けば、酒井忠次の後継者に康政が選ばれる可能性が高かったのではないか。

ところが、天正十三(一五八五)年十一月に石川数正が出奔し、家康は軍法の改定を余儀なくされ、「三備」から「旗本七備」体制に変更。康政は七人の一人にとどまった。ただし、天正十八(一五九〇)年の小田原合戦の山中城攻めでは、康政が先鋒を務め、井伊直政が別働隊を指揮し、家康本隊が井伊隊と合流している。この構図は、長久手の合戦と同様で、関ヶ原の合戦でも踏襲されている。関ヶ原の合戦では、秀忠軍の軍監を康政が務め、家康本隊の先鋒として井伊隊がある。そういう位置付けだったのだろう。

次期内閣の軍事顧問

文禄元(一五九二)年の文禄の役で家康が肥前名護屋《ひぜんなごや》に赴くと、康政は江戸に留め置かれ、秀忠に附けられる。いわば、次期内閣の軍事顧問に据えられたわけだ。家康が康政を大いに信頼していた証《あかし》なのだが、康政自身は家康から遠ざけられたと不満だったらしい。

慶長五（一六〇〇）年の関ヶ原の合戦では、先述したように康政は秀忠とともに東山道（中山道）をのぼり、真田昌幸が籠もる信濃上田城攻めに手こずって関ヶ原の決戦に遅れるという大失態を演じた。

家康は憤りの余り三日経っても秀忠との面会を許さなかったため、康政が秀忠を庇って家康との間を取りなし、面会に及んだという。そのため、「中納言（秀忠）殿みづから御筆を染められ、康政が此の度の心ざし、我が家の有らん限りは子々孫々に至るまで、忘るる事あるまじき由の御書を給はりとぞ聞こえたる」（『藩翰譜《はんかんぷ》』）。

ただし、実際は少々様相が違ったらしい。従来諸説によれば、秀忠は家康と別ルートの東山道を通って西上したが、途中に真田昌幸が籠もる上田城で挑発に遭って、要らぬ戦闘を仕掛けて足止めを喰《く》い、関ヶ原の合戦に遅れてしまったという構図だ。しかし、笠谷《かさや》和比古《かずひこ》氏によれば、秀忠が上田城を攻めたのは「上田城の真田制圧が秀忠部隊の主要任務として位置づけられていた」からであって挑発行為に乗ったからではない。ところが、その最中に家康からの命令があり、「一転して、真田制圧から上洛作戦へと方針変更している（中略）秀忠部隊が混乱に陥ったことは想像にかたくない」（『関ヶ原合戦と大坂の陣』）。そのこともあって、遅参してしまったという。

榊原家には、康政の孫・榊原忠次が徳川家創業の事跡を編纂した『御当家紀年録』という書があるが、そこには康政が家康・秀忠父子を取りなした話が載せられていない。『三河物語』を著した大久保彦左衛門《おおくぼひこざえもん》と違って、榊原家は慎《つつ》ましやかだったという考え方もあるが、そもそも取りなした事実がなかったのではないか（『寛政重修諸家譜《かんせいちょうしゅうしょかふ》』にもこの逸話は載せられていない）。

仲が良いやら悪いやら

榊原康政と井伊直政は仲が良かったらしい。

『名将言行録』によれば、康政と直政は発想が似ていて、語らなくても互いに意思が通じ合っていた。合戦で直政が家康の側近くに居ると聞けば、康政は安堵《あんど》し、逆に康政が家康の側近くに居れば、直政が安堵したという。康政は「自分が直政に先んじて死ねば、直政は病に臥《ふ》すだろう。直政が先に死ねば、自分も長く持たないだろう。主君・家康の心中を知るものは、自分と直政だけだろう」と語っていたという。

その一方で、全く逆の話もある。天正十（一五八二）年に家康は甲斐・信濃に侵攻し、武田旧臣を傘下に収めた。家康は武田旧臣を酒井忠次の与力にするつもりだったが、忠次は若い者を取り立てるべきだと、井伊直政の与力にするように勧めたという。一方、榊原康政が忠次のところに来て「精強で知られた武田旧臣のせめて半分くらいは自分の与力に欲しかった。自分の何が直政に劣っているというのだ。直政と刺し違えるつもりだ」と憤った。忠次はそれを聞いて激怒し、康政を叱りつけたというのだ。これも『名将言行録』掲載の話である。仲が良いやら悪いやら、どちらかに統一して欲しいものだ。

第三節　本多中務大輔忠勝——武田も織田も豊臣も褒めた武人

本多忠勝の人物概要

本多中務大輔忠勝《ほんだなかつかさのたいふただかつ》（一五四八～一六一〇）は「徳川四天王」「三傑」の一人。幼名を鍋之助《なべのすけ》、通称を平八郎《へいはちろう》、中務大輔という。二歳にして父を失い、永禄三（一五六〇）年の桶狭間の合戦の前哨戦《ぜんしょうせん》である大高《おおたか》城の兵糧入れに参陣。十三歳で初陣を飾った。

永禄六（一五六三）年冬の三河一向一揆《みかわいっこういっき》で家康につき、永禄七（一五六四）年の吉田城攻めでは十七歳で、榊原康政《さかきばらやすまさ》、鳥居元忠《とりいもとただ》らと先陣を承った。

永禄十（一五六七）年頃の「三備」改革にて二十歳で、旗本一手役之衆に抜擢され、堀川《ほりかわ》城攻め、懸川《かけがわ》城攻め、犬居《いぬい》城攻めで先登を果たした。

天正十（一五八二）年六月の本能寺の変の際には、堺見物から伊賀越えに至るまで、家康に付き従い、要所で的確な判断により助言したと伝えられる。

天正十二（一五八四）年の小牧・長久手の合戦では留守部隊に留め置かれるも、秀吉の大軍が家康本隊を追うと、これを妨害せんがためにわずか五〇〇の兵を率いて秀吉に対峙《たいじ》。その豪胆ぶりを印象づけた。

小田原合戦に参陣し、天正十八（一五九〇）年の関東入国で上総《かずさ》国大多喜《おおたき》に一〇万石を賜った。石高は井伊直政《いいなおまさ》の一二万石に次ぎ、榊原康政と同列に位置づけられた。

慶長五（一六〇〇）年の関ヶ原の合戦では家康本隊に軍監として参加。

翌慶長六年に伊勢国桑名藩に転封となった。本多正信《ほんだまさのぶ》は五万石の加増を助言したが、忠勝はこれを固辞し、次男・忠朝《ただとも》に旧領・大多喜に五万石を賜った。慶長十五（一六一〇）年死去。享年六十三。

嫡男・本多美濃守忠政《みののかみただまさ》は播磨姫路《はりまひめじ》藩一五万石を賜り、子孫は大和郡山《やまとこおりやま》藩、陸奥《むつ》福島藩、播磨姫路藩、越後村上《えちごむらかみ》藩に転封されたが、宝永《ほうえい》六（一七〇九）年に**本多吉十郎忠孝**《きちじゅうろうただたか》（一六九八〜一七〇九）がわずか十二歳で死去してしまう。通常、無嗣廃絶となるところ、**本多監物忠良**《けんもつただなが》（一六九〇〜一七五一）を支藩から迎え、五万石に減封することで存続を許された。忠良は老中に登用され、三河刈谷藩に転封。子孫は石見浜田《いわみはまだ》藩を経て、三河岡崎藩五万石を領した。

家紋は「丸に立ち葵」「一本杉」「丸に本の字」。「徳川十六将図」では衣服に家紋を付けていることが多いが、本多忠勝は立ち葵紋を付けられている。

膂力に勝れる

本多忠勝は膂力《りょりょく》に勝《すぐ》れ、敵の猛将を相手に一歩も引かず、生涯で五十七度の合戦に従ったが、かすり傷一つ負わなかったといわれている。が、永禄七年の吉田城攻めで牧野惣次《そうじ》郎康成《ろうやすしげ》（のち讃岐守《さぬきのかみ》）と槍を交えた。『寛政重修諸家譜』によれば、この合戦で牧野は「忠勝と力戦し、ともに創《きず》をかうぶり《こうむり》」という——忠勝も疵《きず》を負っていた。

晩年、忠勝が桑名で嫡男・忠政と船で城廻りの葭原《あし》を見て回った際、忠勝は忠政に「櫂《かい》（オール）であの葭を殴ってみよ」と命じた。忠政が櫂を片手に葭を殴りつけると、三間《げん》（およそ六メートル）くらいにわたって薙《な》ぎ倒された。それを見た忠勝が同じように櫂を片手にやってみると、葭の根元から二尺（およそ六十センチメートル）くらい鎌で刈ったように切り取られてしまった。その櫂は、家臣が二人がかりでやっと持ち上げられるようなものだったという（『名将言行録』）。親子揃って怪力だったという訳だ。

忠勝の持つ槍は二丈《じょう》（およそ六メートル）もの長さがあり、柄《え》が太く青貝を摺《す》ってあった。蜻蛉《とんぼ》が飛んできて、その刃にあたり真っ二つに切れたので、「蜻蛉切」といわれる名品だった。晩年、忠勝は桑名城下の河原で馬に乗ってその槍を振り回していたが、帰るなり

「兵杖《ひょうじょう》（武器）は己《おのれ》の力を見極めて用いるべきものだ」と言って、柄を三尺（おおよそ一メートル）ばかり切り捨ててしまった（『名将言行録』）。

武田から「家康に過ぎたるもの」

元亀《げんき》三（一五七二）年九月、信玄が遠州見付より袋井《ふくろい》（静岡県袋井市）に出陣したので、家康は天龍川《てんりゅう》に至り、先陣は川を渡って三加野《みかの》に進出した。忠勝は形勢を察して家康に退陣を勧め、自らは殿軍《しんがり》となった。

両軍が接近して身動きが取れないことを察すると、忠勝は颯爽《さっそう》と両陣の中間に馬を乗入れ、馳《は》せめぐって無事に味方を退却させた。そして、追撃して来る敵の大軍を食いとめ、天龍川の西岸に馬を立てていた家康のところに到った。家康は忠勝の状況判断の正確さを感賞し、「まことに我が家の良将である」と褒めそやして浜松城に帰った。

その時の忠勝は鹿角の兜《かぶと》をかぶり、黒糸威《おど》しの鎧《よろい》を着て、まことに見栄えのする格好だったので、信玄の近習・小杉左近《こすぎさこん》は「家康に過ぎたるものが二つあり、甃糸《から》の頭《かしら》（高価な兜の飾り）に本多平八」とうたった（甃糸［唐］の頭とは、頂上に犛牛《りぎゅう》の毛を付けて飾った家康の兜である）。

信長から「花も実もある」

天正十年三月、武田家滅亡の後、信長は甲斐から南下して駿河に出《い》で、東海道を西上して天龍川を渡る時、忠勝を招いて戦功を賞美し、侍臣を振り返って、「これは三河の本多平八郎という花も実も兼ね備えた勇士である」と紹介した。

秀吉から「佐藤忠信に比肩」

天正十八（一五九〇）年、秀吉は小田原落城ののち、奥羽地方の平定に向かい、七月二十六日下野《しもつけ》宇都宮《うつのみや》に着いた。忠勝は召されて庁南《ちようなん》城より来り謁したところ、秀吉は機嫌がよく、奥州より贈られたという佐藤忠信《さとうただのぶ》の兜を取り出し、「当分この兜を着用し得るものは汝の外に無い」と言って賞賜した。

人生を変えた長久手の合戦

奥羽平定に先立つこと六年、天正十二（一五八四）年の長久手の合戦で、秀吉軍が三好秀次《みよしひでつぐ》（のちの豊臣秀次）隊を三河方面に派遣すると、家康はその動きを察知して榊原康政隊を先鋒《せんぽう》として、自らも本隊と井伊直政隊を率いて、三好隊を挟み撃ちして勝利を上げた。

秀吉は楽田《がくでん》（愛知県犬山市城山）に在陣していたが、三好隊の敗報を聞き、三万八〇〇〇の本隊を率いて急ぎ長久手に向かった。

その時、忠勝は酒井忠次・石川数正と小牧城の留守を預かっていたが、秀吉軍本隊が長久手の方に動くのを見て、家康軍の危機を察した。忠勝は忠次・数正に小牧城の留守を任せて、秀吉の行軍を送らせるべく出陣。五〇〇の手勢を率い、大軍と小川を隔てて相並んで進んだ。しかも、秀吉の眼前で馬から下り、馬の口を洗わせるという大胆不敵な行為に及んだ。

秀吉は「あの鹿の角の兜をかぶり、長槍を携えて馬の口を洗わせる者は誰だ？」と尋ねると、稲葉一鉄《いってつ》が「先年、姉川でその武者ぶりを見覚えております。徳川家中の本多平八郎と申す者です」と答えた。秀吉家臣が「討ちましょう」という声を抑えて、秀吉は「いやいや、あの様な者は生かして置くものだ。我が家中に来てはくれまいが、もし来てくれるならば、何程の重宝となるべし、兎《と》に角《かく》手出し致すな」と命じたという。

この無謀とも思えるスタンドプレーは、秀吉に大きな印象を与えた。天正十八（一五九〇）年の関東入国で、忠勝は井伊直政の一二万石に次ぐ上総大多喜一〇万石を賜った。秀吉が高禄を与えるように家康に指示したという。

大軍の指揮官としては疑問あり

このように、本多忠勝は一箇の武人として抜群の武功を誇り、最高の評価を得ているのだが、意外なことに大軍を指揮した実績がない。

長久手の合戦における三好隊の強襲では、榊原康政が先鋒を務め、家康本隊がこれを追い、井伊直政を別働隊として挟み撃ちを仕掛けた。また、小田原合戦の山中《やまなか》城攻めでも、榊原康政が先鋒を務め、井伊直政が別働隊を指揮し、家康本隊が井伊隊と合流している。

これに対し、忠勝は、長久手の合戦で酒井忠次・石川数正とともに小牧城の留守部隊として留め置かれ、小田原合戦の山中城攻めでの働きは不明。つまり、榊原康政・井伊直政が数千の大軍を任されていたのに対し、本多忠勝はそこまで大軍を任されていなかったようだ。長久手の合戦で秀吉の行く手を遮《さえぎ》り、秀吉の指示がなかったら、高禄を与えられなかったかもしれない。

本能寺の変での機転

大軍の指揮官としては疑問符が付く忠勝ではあるが、単独行動や少人数での行動では抜群の機転を見せる。それが信長・秀吉、武田軍に評価されたスタンドプレーの数々である。それが活《い》かされた一つに、本能寺の変後、「神君伊賀越え」での機転がある。

天正十年五月、家康は信長の饗応《きょうおう》を受けるために上洛。忠勝も付き随った。

六月二日、堺《さかい》遊覧中の家康は本能寺の変が起こったことを知らずに京都に帰ろうとしたが、先発した忠勝は、橋本で荷鞍《にぐら》を置いた馬に乗って馳せて来る商人・茶屋四郎次郎清延《ちゃやしろうじろうきよのぶ》に出会い、変事の突発を聞き、清延をともなって引き返した。

すでに堺を発した家康は、途中で事変を知り、勝敗に心をかけず、直ちに上京して一戦を遂げ、信長の旧好に報じようと思い、酒井忠次・石川数正等の老臣とともに、馬を飯盛八幡《いいもりはちまん》まで進めた。忠勝はそこに出くわして清延の注進を報告し、小勢で大軍に駆け入り、討ち死にするのは詮《せん》無き事、いったん三河に帰って義兵を挙げられたいと諫言《かんげん》した。

酒井忠次は「それは道理だけれど、賊徒が道を塞《ふさ》ぐから帰国は困難であろう」と答えたが、忠勝は「その場合には、そこを弔い合戦の場と思って勝負を決しよう」と答えたという。家康等は忠勝の意見に賛成し大和路より河内を歴《へ》て山城相楽《さがらか》に至った（径路には諸説ある）。

忠勝はいつも先頭を進み、住人を威嚇して道案内をさせ、舟人を叱りつけて船を出させ、ようやく木津川《きづがわ》に出た。そして近江国信楽《しがらき》に赴いたところ、多羅尾四郎右衛門光俊《たらおしろうえもんみつとし》が迎え入れようと請うた。一同は光俊が明智光秀の与党であろうと疑ってこれをとどめた。

忠勝は「我らは小勢で危難の中にいるのだから、彼が多勢を率いてくれればかなわない。彼が二心《ふたごころ》を有するならば、こちらが行かなくても、向こうから兵を差向けるだろう。行っても死に、行かなくても死ぬるならば、行って死ぬ方がよかろう」と言った。一同はまたこれに賛成し、家康は多羅尾家に泊った。それから伊賀路を越えて無事岡崎に帰った。家康は「この間の危難、万死を免るるもの、ひとえに忠勝が力なり」と言って勲労を賞賛したという（『寛政重修諸家譜』）。

前田《まえだ》利家《としいえ》は一箇の武人としては織田家臣団でも群を抜く存在で、豊臣政権でも人望があった。本多忠勝も同じような人物だったのだろう。そして、二人とも嫡男が主君の娘（もしくは孫）と結婚している。

第四節　井伊兵部少輔直政――創られた名将

井伊直政の人物概要

井伊《いい》兵部少輔《ひょうぶのしょう》直政《なおまさ》（一五六一～一六〇二）は、幼名を万千代《まんちよ》、通称を兵部少輔といい、家康より十九歳年下で、「徳川四天王」「三傑」の一人。

遠江国引佐《いなさ》郡井伊谷《いいのや》（浜松市北区引佐町井伊谷）を十一世紀初頭から代々治める国人領主・井伊家に生まれた。徳川家よりも由緒ある名門家系で、父・**井伊肥後守《ひごのかみ》直親《なおちか》**が家康に内通した疑いにより今川家に殺害されてしまい、幼少期を寺で過ごした。天正《てんしょう》三（一五七五）年二月に浜松で鷹狩りをしていた家康に見出《みいだ》され、小姓に召し抱えられた。

天正年間に初陣をかざり、天正十（一五八二）年六月の本能寺の変の際には、堺見物から伊賀《いが》越えに至るまで、小姓として家康に付き従った［前掲・表1—9］。同年の甲斐侵攻に参陣。旧武田家臣の徳川家への帰属交渉に手腕を発揮し、小田原北条《おだわらほうじょう》家との講和の使者となった。旧武田家臣を多く附けられ、同家中の「山県《やまがた》（昌景《まさかげ》）の赤備《あかぞな》え」を継承して、全軍朱の甲冑をまとった「井伊の赤備え」をつくった。

天正十二（一五八四）年の長久手の合戦で、三好秀次《みよしひでつぐ》（のちの豊臣秀次）軍を急襲して赤備え軍団が鮮烈なデビューを飾り、直政は「赤鬼」と恐れられた。

天正十八（一五九〇）年の小田原合戦に参陣し、合戦後の関東入国で徳川家中筆頭の上野《こうずけ》箕輪《みのわ》一二万石に封ぜられた。

慶長《けいちょう》五（一六〇〇）年九月の関ヶ原の合戦では、家康の四男・松平薩摩守忠吉《まつだいらさつまのかみただよし》（直政の娘婿）に附いて先陣を切ったが、島津《しまづ》軍の敗走を追って鉄砲疵《きず》を受けた。

合戦後に近江《おうみ》国佐和山《さわやま》一八万石に転封された（のち彦根《ひこね》に移った）が、前述の鉄砲疵がもとで、二年後の慶長七（一六〇二）年に死去した。享年四十二。

直政の死後、長男・井伊兵部少輔直勝《なおかつ》（一五九〇～一六六二）が跡を継ぎ、彦根城を築いたが、病弱ゆえに廃嫡され、元和元（一六一五）年に次男・**井伊掃部頭直孝**《かもんのかみなおたか》（一五九〇～一六五九）が家督を継いだ。直孝は幕閣で重きをなして三〇万石に加増され、幕府からの預かり分も含めて近江彦根藩三五万石と称した。幕末の当主、大老・**井伊掃部頭直弼**《なおすけ》は日米修好通商条約を締結して横浜を開港し、安政《あんせい》の大獄を起こしたことでも有名である。

井伊家は江戸開府以来、一度も転封を経験したことがない譜代大名としては珍しい家系である。それは、西国大名が蜂起《ほうき》して徳川将軍家に一大事が起こった場合に、譜代の筆頭として先鋒《せんぽう》を承るからだといわれている（実際は転封の話があったらしいが）。そのため、他家からの養子を迎えることがタブーとされ、現当主（井伊直岳《なおたけ》氏）が井伊家四百年の歴史で初めての婿養子だという。

また、三代・直澄《なおずみ》、四代・直該《なおもり》、六代・直恒《なおつね》、十代・直禔《なおよし》には正室がいない。これは直政が嫡男・直勝を廃嫡した反省から嫡出にこだわらず、優秀な男子を跡継ぎにするために正室を置かなかったと、まことしやかな伝説が伝えられている。

家紋は「橘《たちばな》」、旗紋に「井桁《いげた》」を使用する。「徳川十六将図」では衣服に家紋を付けていることが多いが、井伊直政は橘紋を付けられている。

井伊家の数奇な運命

永禄三（一五六〇）年、桶狭間の合戦で今川義元が討ち死にすると、徳川家康が織田信長と組んで離反。家康に呼応して東三河の国衆が一斉に今川家から離反する「三州錯乱」が起き、その動きが遠江にも波及する「遠州忩劇《そうげき》」が起きた。

永禄五（一五六二）年、井伊家の当主、直政の父・**井伊肥後守直親**（一五三六～六二）は家康に内通した疑いにより殺害されてしまう。直親内通の疑念は晴らされるものの、今川家はことあるごとに井伊家に疑念を抱き、井伊家はそれを払拭《ふっしょく》するため、直親の遺児・虎松《とらまつ》（後の井伊直政）を出家させる。一方、虎松の母は、今川家臣で遠江の国衆・松下源太郎清景《げんたろうきよかげ》（松下之綱《ゆきつな》の従兄弟《いとこ》）に再縁して、虎松を清景の養子とした。

天正三（一五七五）年二月、浜松で鷹狩りをしていた家康は、十五歳の虎松を見かけて召し抱えた。そして、虎松が名門・井伊家の遺児であることを知り、井伊万千代と改名させ、旧領を復して井伊谷を治めさせた。

実は意外に合戦していない

井伊直政は譜代筆頭の猛将としてその名を知られているが、実際はそんなに合戦の数が多いわけではない。

『寛政重修諸家譜』等から「徳川四天王」が合戦に参陣した件数を数えてみると、本多忠勝《ほんだただかつ》が三十四件（小さな戦を含めると五十七度と本人は申告している）、榊原康政が二十四件、酒井《さかい》忠次《ただつぐ》が二十件である。これに対し、井伊直政はわずか九件しかない。特に遠江で徳川・武田軍が熾烈《しれつ》な合戦を繰り広げていた頃、直政は合戦で高名を上げたという記載がなく、実際のところ、ほとんど参陣していなかった可能性が高い。

井伊直政の初陣は、天正四（一五七六）年二月七日、十六歳で遠江芝原《しばはら》にて家康が武田勝頼軍と遭遇した時に敵を討ち取ったことだといわれている。状況の説明でわかる通り、これは合戦ではなく、護衛に近い。従って異説があり、天正六（一五七八）年三月、十八歳の時、駿河田中城（静岡県藤枝市）攻めの参陣を初陣とする説もある。翌天正七年に天龍河原《てんりゅうがわら》の陣に参陣したという説もあるが、いずれも不確定な情報らしい。「確実に言えることは、日常的には浜松に在住して浜松城主の家康に近侍しており、家康が出陣した折にはそれに御供し、配下の者を指示して敵と交戦する機会もあったが、基本的に本陣に配され、馬廻りとして主君を護衛する役割にあったという程度であろう」（野田浩子『井伊直政』）。十代の直政は、参陣の経験はあるが、本格的な戦闘には及んでいなかったのではないか。

直政が名を上げるのは、天正十（一五八二）年八月の甲斐若神子《わかみこ》合戦である。しかし、この時も先陣を切ったとか、大将首をあげたとかではなく、二十二歳の若さで和睦の使者に派遣されただけだ（副使は木俣清三郎守勝《きまたせいざぶろうもりかつ》）。

また、家康の甲斐侵攻で、直政は武田旧臣を徳川家に帰属させる交渉を行い、奉行人として活躍している。武田旧臣の本領を安堵する安堵状、もしくは宛行状《あてがいじょう》が二百通以上確認されているが、直政は六十七通を発給し、トップの件数を誇っている。

われわれは、のちに井伊直政が「井伊の赤鬼」と呼ばれる猛将であることを知っている。そのため、本多忠勝のような、若年から「戦の申し子」であるように錯覚してはいまいか。ここまでの履歴を見る限り、直政は部将ではなく、文官として活用されていたのだろう。戦国時代の識字率は相当低かったと想定されるが、直政は寺で修行した経験があり、文官として有用だったのだ。

創られた名将

本能寺の変後の甲斐・信濃《しなの》経略が成功し、徳川家は五カ国（三河・遠江・駿河・甲斐・信濃）領有の大大名に躍進。旗本「一手役之衆」の中から鳥居《とりい》元忠《もとただ》・平岩親吉《ひらいわちかよし》を甲斐の抑えとして手薄になったため、直政を抜擢したのだ。

直政は若かりし頃かなり気が強かったらしい。家康が旗本「一手役之衆」に登用する必須条件である。家康は直政を旗本「一手役之衆」に登用するにあたり、自らの近臣・木俣清三郎守勝、西郷藤左衛門《とうざえもん》正友《まさとも》、椋原《むくはら》次右衛門《じうえもん》政直《まさなお》の三人を直政の直臣とし、武田旧臣および関東牢人《ろうにん》ら百十七人を与力に附けた。さらに天正十二（一五八四）年には井伊谷三人衆（菅沼《すがぬま》次郎右衛門《じろうえもん》忠久《ただひさ》・近藤石見守《いわみのかみ》康用・鈴木《すずき》平兵衛《へいべえ》重時《しげとき》）を与力とした。

井伊谷三人衆とは、もともと井伊家を支えていた有力者である。「家康が進出してくる直前頃の井伊氏では、一門・重臣・同心の『七人衆』が中核となって政務をみていたと推測できる」（野田浩子・前掲書）。そのうちの三人（井伊谷三人衆）が、永禄十一（一五六八）年、家康に同心して井伊谷に招き入れ、家康の遠江経略に大きく貢献したのだ。

『井伊直政』の著者・野田浩子氏は「井伊谷三人衆は、直政の召し出し当初は附属されず、家康の直臣として活躍している。彼らは軍事的能力に優れていたため、その能力を活かすには軍事的に重要な場所に配置するのが有効と考えられたのであろう」と述べている。当初、家康は直政を文官として登用するつもりだったから、すぐさま井伊谷三人衆を与力としなかったという見方もできよう。

直政が率いる部隊は武田旧臣が主力であり、異なる出自の者からなる混成部隊だったから、甲冑を朱色で統一することで一体感を醸成した。いわゆる「井伊の赤備え」である。旧武田軍では飫富《おぶ》兵部少輔《ひょうぶのしょう》虎昌《とらまさ》の部隊が赤備えをはじめ、虎昌の切腹後に実弟の山県三郎兵衛尉《さぶろうびょうえのじょう》昌景が赤備えを継承した。家康は武田信玄を信奉していたから、その最強軍団「山県の赤備え」にあやかって、直政の部隊を再編成したのだ。

ただし、当初、家康は「井伊の赤備え」の事実上の部隊長を直政ではなく、木俣守勝だと考えていたらしい。天正十一（一五八三）年、信濃高遠口《たかとおぐち》に「井伊の赤備え」を派遣した際、「直政自身は出陣しなかったが、木俣守勝が甲州の諸士を率いて高遠口へ向かったという」

(野田浩子・前掲書)。本多忠勝の部隊が忠勝抜きで行動したという話は聞いたことがない。また、長久手の合戦で、先鋒の「井伊隊士は敵を目前にして隊列を乱してしまう。これを見た家康は『木俣めはなきか。腹切らせ候わん』と、木俣守勝が隊士にうまく指示を出せていないとして立腹したという」(野田浩子・前掲書)。家康は直政を一人前の部将とは思っておらず、副将の木俣こそが部隊の中核だと考えていたのだろう。

実際、長久手の合戦での直政の働きは、旗本「一手役之衆」としてイマイチだったらしい。「合戦が始まり、鉄砲隊の攻撃の後、騎馬武者による合戦になると、直政自身が敵の中に駆け入って敵の母衣《ほろ》武者と組み合った。家康家臣の安藤直次《あんどうなおつぐ》はこれを見て(中略)大将は戦闘の様子を見て隊の進退を指揮するのが役割であるとして、一武者のように敵と組み合う行為は大将がするものではないと忠告したという」(野田浩子・前掲書)。直次が老練な部将だったわけではない。当時三十一歳、直政より七歳年長なだけだ。

しかしながら、長久手の合戦で池田恒興《いけだつねおき》・森長一《もりながかず》(長可《ながよし》)を討ち取った「井伊の赤備え」は、秀吉軍に大きなインパクトを与えた。

家康軍は遠江で何度となく「山県の赤備え」に苦汁を呑《の》まされていたが、そもそも秀吉軍は「赤備え」軍団を見たことがなかっただろうから、「井伊の赤鬼」の評判が高まったのは不思議ではない。井伊直政は名将ではなかったが、「井伊の赤備え」が恐ろしく強かったから、そのトップに据えられた直政が猛将だと認識されたのだ。

東条松平家＋松井家―井伊家―忠吉

直政の妻は松井松平周防守忠次《すおうのかみただつぐ》（一般には康親《やすちか》）の娘である。松井忠次は東条《とうじょう》松平家の家老で、のちに家康から松平姓を賜った。

弘治二（一五五六）年に日近《ひぢか》城の奥平貞友《おくだいらさだとも》が今川家に叛《そむ》いた時、家康が今川家の人質で、父・広忠《ひろただ》は天文《てんぶん》十八（一五四九）年三月に急死していたため、家康の名代として東条松平家の松平忠茂《ただしげ》が岡崎の兵を率いて日近城を攻めたが、討ち死にした。

忠茂の遺児・家忠が幼かったので、母方の伯父・松井忠次が家宰を代行した。ところが、この忠次が猛将だったので、家康から松平姓を賜り、常に武田・北条に対する最前線を任された。忠次は家忠の補佐役も兼ねていたから、家忠も最前線に配置された。

家康としては、自分の人質時代に名代として自軍を率いてくれた忠茂の遺児であるから、東条松平家＋松井家が徳川の先鋒としてふさわしいと考えていたに違いない。

松平甚太《じんた》郎《ろう》家忠が嗣子なきまま死去すると、家康は四男・**松平薩摩守忠吉**（初名・忠康《ただやす》）をその養子とした。そして、忠吉の妻に井伊直政の娘をあてた。かくして、東条松平家＋松井家から井伊家を経由して忠吉に繋《つな》がる血縁ラインができあがったのだ。

ここで思いだされるのが、関ヶ原の合戦で、直政・忠吉が物見と称して、戦の先陣を切った故事である。家康のアタマの中では、徳川家の先鋒を務める忠次・家忠の後継者、直政・忠吉が関ヶ原の合戦の口火を切ることが必須だったのであろう［図2―8］。

そして、関ヶ原の合戦後、井伊直政は近江佐和山（のち彦根）、忠吉は尾張清須に置かれた。これは、西日本で有事の際に忠吉を本隊とする軍が先陣を務め、その先鋒に直政を配置するという構想であろう（ただし、忠吉もまた嗣子なきまま死去してしまい、その後継者として、家康の九男・徳川義直《よしなお》が尾張清須〈のち名古屋《なごや》〉に配置された）。

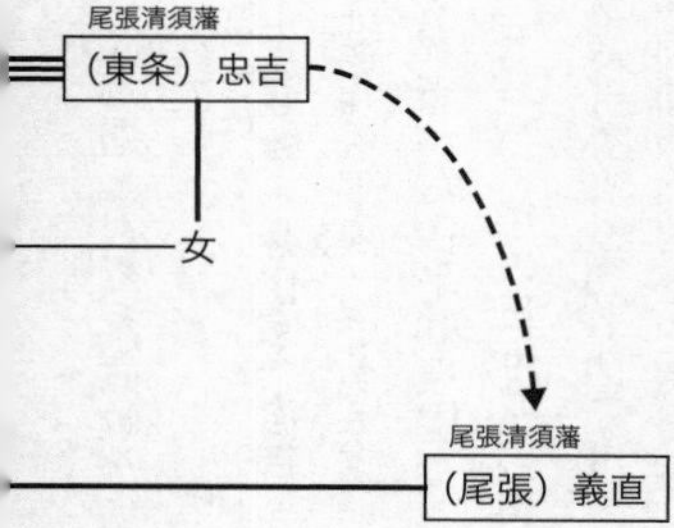

第五節　大久保七郎右衛門忠世

——勇猛果敢でちょっと残念

大久保忠世の人物概要

大久保《おおくぼ》七郎右衛門《しちろうえもん》忠世《ただよ》（一五三二～九四）は通称を新十郎《しんじゅうろう》、七郎右衛門といい、家康より十歳年長。酒井《さかい》忠次《ただつぐ》の代わりに「徳川四天王」に数えられる場合もある。三河国碧海《あおみ》郡上和田《かみわだ》村

図２－８：東条松平家系図

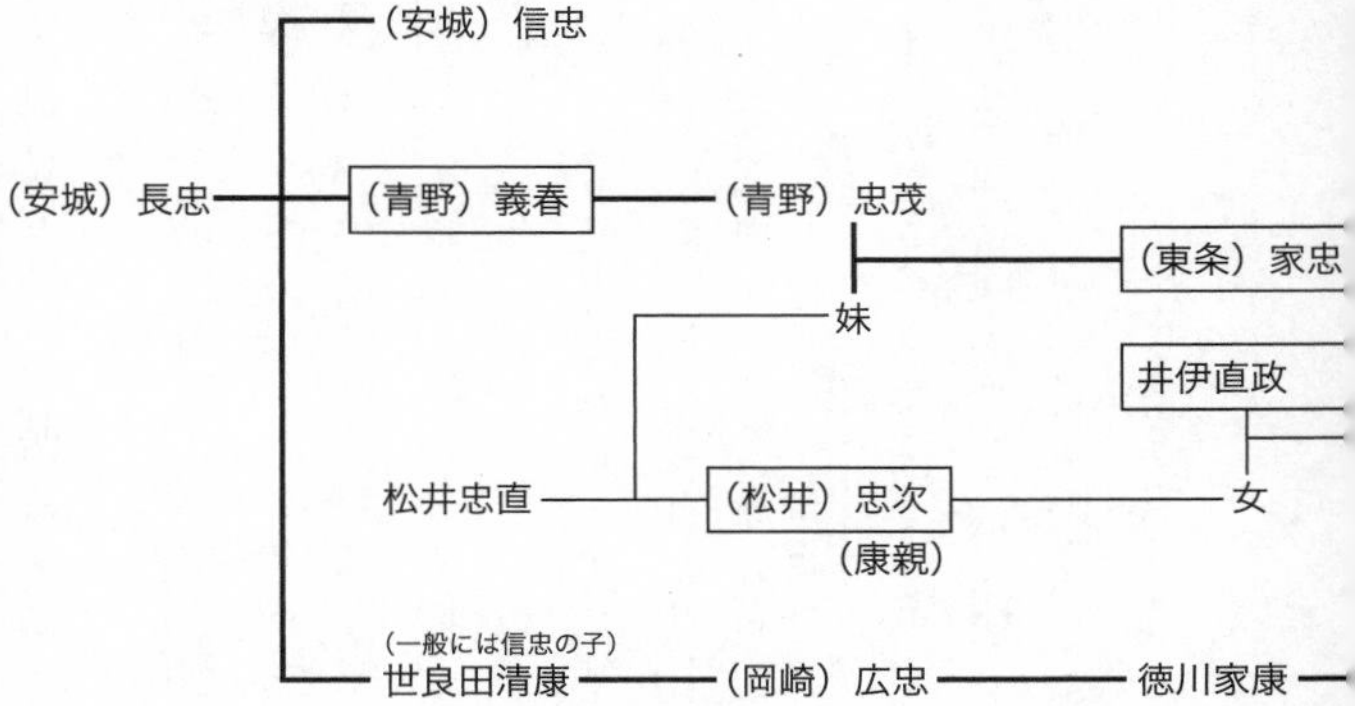

（岡崎市上和田町）に生まれ、天文十五（一五四六）年の三河渡村《わたりむら》の合戦にて十五歳で初陣を遂げ、弘治元（一五五五）年の尾張蟹江《おわりかにえ》城攻め、永禄《えいろく》三（一五六〇）年五月の桶狭間の合戦の前《ぜん》哨《しょう》戦・家康の丸根《まるね》城攻め等に参陣。永禄六（一五六三）年の三河一向一揆《いっこういっき》では一族で家康方についた。

遠江懸川《とおとうみかけがわ》城攻め、犬居《いぬい》城（浜松《はままつ》市天竜《てんりゅう》区春野《はるの》町）攻めで武功を上げ、三方原《みかたがはら》の合戦で奮迅。天正三（一五七五）年の長篠《ながしの》合戦では信長から勇戦ぶりを賞賛された。

同天正三年に遠江二俣《ふたまた》城（浜松市天竜区二俣町）を開城させ、その城代となった。

天正十（一五八二）年二月に駿河田中城（静岡県藤枝《ふじえだ》市田中）を開城させ、同天正十年六月の本能寺の変後、家康が甲斐・信濃に侵攻すると、忠世は佐久《さく》地方の制圧に成功。天正十二（一五八四）年に信濃小諸《こもろ》城を陥落させてその城代となる。

翌天正十三年に鳥居元忠《とりいもとただ》、平岩親吉《ひらいわちかよし》らと信濃上田《うえだ》城の真田安房守昌幸《さなだあわのかみまさゆき》を攻めるが敗れる。天正十八（一五九〇）年の小田原合戦に参陣し、関東入国で相模《さがみ》小田原四万五〇〇〇石を賜る。また、忠世とは別に、弟・忠佐《ただすけ》が上総茂原《かずさもばら》に五〇〇〇石（のち二万石）、嫡男・大久保相模守忠隣《さがみのかみただちか》が武蔵羽生《むさしはにゅう》一万石を賜った。徳川一族以外で、親子兄弟が高禄を賜った一族は他にない。

文禄三（一五九四）年に忠世が死去すると、嫡男・**大久保相模守忠隣**（一五五三～一六二八）が父の遺領を合わせて相模小田原六万五〇〇〇石を領した。忠隣は執務能力が高く文武に秀で人望が厚く、江戸幕府の老中に就任。しかし、徐々に本多佐渡守正信《さどのかみまさのぶ》と対立するようになり、忠隣が金山奉行に抜擢《ばってき》した大久保長安《ながやす》の不正蓄財が発覚すると、慶長十九（一六一四）年に改易され、近江国での蟄居《ちっきょ》を命じられた。正信の讒言《ざんげん》だといわれている。忠隣の嫡孫・**大久保加賀守忠職《かがのかみただもと》**（一六〇四～七〇）は祖父に連座して蟄居したが、のちに赦《ゆる》されて武蔵私市《きさい》（騎西）藩二万石を賜り、子孫は美濃加納《みのかのう》藩五万石、播磨明石《はりまあかし》藩七万石、肥前唐津《ひぜんからつ》藩八万三〇〇〇石、下総佐倉《しもうささくら》藩九万三〇〇〇石を経て、相模小田原藩一〇万三〇〇〇石を領した。

大久保一族の家紋は「上藤《あがりふじ》の内古《うちこ》文字《もじ》の大文字」で、「徳川十六将図」では兄弟ともに「上藤の内古文字の大文字」紋を付けられている。

大久保兄弟の猛攻

大久保一族は俗に「大久保党」と呼ばれる特異な一族である。酒井・本多家は室町時代初期から三河に蟠踞《ばんきょ》し、血縁関係は不確かながら岡崎近郊に一族と思われる家系が散らばっているが、大久保家は忠世の祖父以前に分かれた一族がない代わりに、十人の兄弟、数十人の従兄弟からなる大家族を形成。また、それらが揃いも揃って猛将なのだ。

弘治元（一五五五）年、忠世は今川軍の尾張蟹江城攻めに参陣して奮戦し、「蟹江七本槍」の一人と謳《うた》われた。ただし、「蟹江七本槍」は忠世・忠佐兄弟の他、父の大久保甚四郎忠員《ただかず》、従兄弟の大久保新八郎忠勝・阿部四郎五郎忠政（旧姓大久保）・杉浦八郎五郎吉貞（母が忠世の叔母）、杉浦惣左衛門勝吉（吉貞の子）と全員が大久保一族なので、話半分で聞いていた方がいい。

永禄六（一五六三）年冬に起こった三河一向一揆で、大久保一族は家康方につき、針崎《はりさき》の勝鬘寺《しょうまんじ》に立て籠《こ》もる一揆勢と対峙《たいじ》した。忠世は本多三弥左衛門正重《さんやさえもんまさしげ》（正信の弟）と鉄砲で撃ち合った。一揆勢との戦いは熾烈《しれつ》を極め、忠世と忠勝は眼を射貫《いぬ》かれた（忠勝は大久保一族の本家筋にあたるが、これ以降、戦場で活躍することはなかった）。

天正三（一五七五）年五月の長篠の合戦で、忠世・忠佐兄弟は柵《さく》から出て敵陣に乱入。信長はそれを見て「家康の軍の前方で金の揚羽《あげは》の蝶の羽と浅黄《あさぎ》の石餅《こくもち》の指物は敵かとみていると味方、味方とみていると敵だ。行って、敵か味方かみてこい」と指示するほどの激闘を繰り広げていた。家康が家臣の大久保兄弟であると回答すると、信長は「さて家康はよい者を配下にもっている。わたしは彼らほどの者をもっていない。彼らはよい膏薬《こうやく》だ。敵にべったりとついて離れぬ」と褒められ、着物を賜ったという（『三河物語』）。

遠江北部を守る

大久保忠世は懸川城攻め、姉川の合戦、三方原の合戦、長篠の合戦など主要な合戦に参陣したものの、その主戦場は遠江北部にあった［図2—9］。

天正二（一五七四）年四月に家康は遠江犬居城の天野宮内右衛門景貫《くないうえもんかげつら》を攻めたが、豪雨で渡河できずに引き返すと、天野軍の追撃に遭った。忠世は殿軍《しんがり》として奮戦したが、弟・大久保勘七郎忠核《かんしちろうただざね》および家臣二十余人を失った。

翌天正三年六月、家康は遠江二俣《ふたまた》城を攻め、忠世に城を囲むように命じた。翌七月に城主・依田下野守信守《よだしもつけのかみのぶもり》が病死すると、忠世は榊原康政とともに城を攻める一方、その子・依田

図2－9：遠江の図

右衛門佐信蕃《うえもんのすけのぶしげ》に講和を促した。信蕃は十二月に降伏、開城した（信蕃は甲府《こうふ》に戻り、天正八〔一五八〇〕年に駿河田中城の城番となる）。

忠世は家康から二俣城代を命じられ、遠江北部攻略の中核を担った。

天正四（一五七六）年七月、家康は再び天野景貫が籠もる遠江犬居城を攻めるが、景貫は潮見坂《しおみざか》の上から鉄砲を放たせ、徳川軍を苦境に陥れた。家康は忠世を呼んで「汝はこの地に詳しいだろうから、速やかに石《いし》峯《がみね》に登って鉄砲を放て」と命じた。忠世は配下を引き連れ、峯の上から鉄砲を乱射。景貫はたまらず潮見坂を棄てて鹿鼻《ししがはな》に退却した。家康は兵を退《ひ》いたが、忠世はこの地にとどまって制圧することに成功した。

甲信侵攻で活躍

天正十（一五八二）年、織田軍による甲斐武田攻めがはじまり、武田家臣の投降が相次ぐ。二月、家康は駿河田中城を攻めた。城将・依田信蕃はかつて忠世の説得で遠江二俣城を開城していたため、再び忠世が交渉にあたって開城させた。

依田信蕃は本領・信濃佐久郡の春日城《かすが》（長野県佐久市）に戻り、武田家が滅亡したことを知る。信長が甲信諸将の投降を命じたが、信蕃は家康に恩義を感じて忠世に連絡すると、忠世は家康に相談。家康は「投降しても殺される可能性が高いので、信長様に見つからぬように隠しておけ」と指示。信蕃を二俣城の奥にて閑居させた。

天正十（一五八二）年六月、本能寺の変の後、家康は「神君伊賀越え」の帰途、依田信蕃に飛脚を飛ばして、甲信の平定に努めるように書状を出した（一説に忠世の建言があったという）。信蕃は周辺の士を招き入れ、その数は三〇〇〇人にも及んだ。信濃で甲斐と関係が深いのは諏訪《すわ》郡・佐久郡・小県《ちいさがた》郡であるが、後述するように、諏訪郡の諏訪頼忠《よりただ》が小田原北条家に寝返ったため、徳川軍の信濃経略は佐久地方からはじめられ、依田信蕃がその中心となった。

家康は岡崎に戻り、惟任（旧明智）光秀を討たんとしたが、山崎の合戦の報を受けると、甲斐・信濃の攻略に反転。六月二十二日（諸説あり）、大久保忠世・大須賀《おおすが》康高《やすたか》・石川康通《いしかわやすみち》・本多広孝《ひろたか》らを信濃に差し向けた。さらに、六月二十七日、酒井忠次が東三河の国衆を従えて信濃に発《た》った。

忠世は諏訪郡の諏訪小太郎《こたろう》頼忠、伊那《いな》郡の小笠原掃部《おがさわらかもんの》信嶺《ぶみね》らを調略した。

しかし、酒井忠次が諏訪に向かった同時期に北条氏直《うじなお》が信濃に入ると、諏訪頼忠は「我は家康の幕下に属すとこそ約すれ何ぞ忠次の指揮を受けんや」（『徳川家康と其周囲』）とうそぶいて家康から離反。小田原北条家についた。

これを聞いた忠世は「諏訪（頼忠）を引き込んで味方にするところを、左衛門督《さえもんのかみ》（酒井忠次）殿の口がわざわいして、ふたたび敵とした」と言って、忠次と口論になったという。

忠世らは諏訪に陣取っていたが、配下の者に物見させると北条軍が大群を擁して近くまで来ているという。みな退却を決したが、酒井忠次は忠世と口論したことを根に持って「七郎右（忠世）、まず引きあげろ。七郎右が引きあげなかったら、わたしは引きあげない」と告げ、一方、忠世の方も「左衛門督引きあげよ、左衛門督殿が引きあげないなら、どうあっても引きあげない」と言い張った。その間に北条軍が迫ってきて結局退却したという（『三河物語』）。忠次は知略の人であり、口論で意地を張るようには思えない。余程、忠世の態度がケンカ腰だったのだろう。激情家の忠世は、忠次以外ともしばしば揉《も》め事を起こす。

勇猛だけど残念な人？

天正十三（一五八五）年閏《うるう》八月二日、忠世は鳥居元忠、平岩親吉、保科弾正忠正直《ほしなだんじょうのちゅうまさなお》らと信濃上田城の真田安房守昌幸を攻めたが敗れ、加賀川を渡って兵を退かせた。昌幸は川岸まで追いつき、川を前にして陣を張った。

忠世は平岩に対して「我一番に馬を乗入れて敵の集《あつま》らざる前に追散《おいち》らさん、貴殿の備《そなえ》も河を渡りて我が後を押したまへ」と提案したが、平岩は答えなかった。忠世は「日ごろから、そんな料簡《りょうけん》のやつだから役に立たぬ」と馬を乗りかえして鳥居に提案したが、鳥居も答えなかった。「どいつも下戸《げこ》に酒をしいるようすだ。役に立たぬ。日ごろの料簡のままだ」と憤慨した。次いで、保科にも提案したが、応じなかった。忠世は「弾正物の用に立つべしとは思われず」と言い放ち、切歯扼腕《せっしやくわん》した。しかしながら、敵も川を越えずに引きあげたので、忠世らも引きあげたという（『徳川家康と其周囲』『三河物語』）。

では、鳥居・平岩・保科側の言い分を聞いてみよう。『名将言行録』の鳥居元忠の項によれば、この時、元忠は忠世を制して以下のように告げたという。「負け戦で士卒の心持ちが鬱屈している上に、敵は機に乗じている。その上、上杉軍が加勢し、敵陣・戸石の城兵が増員されている。今、決死の戦を仕掛ければ、川向こうの敵を撃ち破ることはできるかもしれないが、その後から来る二の陣、三の陣の敵が来たらどうするのか。敵が川を越えてこちらに来た時は反撃すればよい。こちらから川を越えて攻撃すべきではない」。

翌日、忠世らは丸子《まるこ》城を攻めたが、その時、足軽の中に真田昌幸・信幸《のぶゆき》（のちの信之）が交じって戦っているのを見て、忠世は鳥居・平岩に提案した。「真田親子が足軽いくさの場へ出て、戦っている。思う通りのところへ出てきた。両人の本陣をわたしの陣のあるところまでうつしてほしい。そうすれば内膳（岡部内膳正長盛《おかべないぜんのかみながもり》）の軍の前方から離れることはできなくなる。内膳を一番隊として、その後からわたしが押し寄せて合戦をするなら、真田親子を絶対、あの坂をあげることなく討ちとれる」。ここでも両人は返事をせず、忠世は「日ごろから臆病だとは知っていたが、これまでとは思わなかった。意外や意外」と諦《あきら》めた（『三河物語』）。

これについても鳥居元忠が反論している。「真田は無智の将ではない。地の利を知り尽くした彼が謀《はかりごと》もなく、このような悪所に出てくるのはおかしい。その上、新手の上杉の兵が加わって大軍になる。今わざと寡兵《かへい》で、足軽を少し出して挑発し、しかも真田自身が足軽勢に加わっているのは、われらを引き付ける謀なのではないか。昨日、われわれは無謀な戦いをして敗退した。今日また軽率な戦いをしてはならない。しばらく対陣して敵とどう戦えばいいのか分析した後、兵を出すべきだ」といって許さなかった（『名将言行録』）。

勇猛果敢だけれど、ちょっぴり残念な武将。それが大久保忠世の特徴だったのかもしれない。

天正十二年の小牧・長久手の合戦において、忠世は浜松城の留守を任された。これは家康から並々ならぬ信頼を得ている一方、主戦場に駆り出されない微妙な立場だといえる。たしかに、秀吉との腹の探り合い、ややもすれば頭脳戦になるところには連れて行けない御仁だったのだろう。家康の用兵の妙が実感できる。

第六節　平岩主計頭親吉――人質時代をともにした大親友

平岩親吉の人物概要

平岩主計頭親吉《ひらいわかずえのかみちかよし》（一五四二～一六一一）は通称を七之助《しちのすけ》といい、のち主計頭、三河《みかわ》国額田《ぬかた》郡坂崎《さかざき》村（愛知県額田郡幸田《こうた》町坂崎）に生まれた。家康と同い年で、尾張《おわり》・駿河《するが》の人質時代をともに過ごした。家臣というより幼友達、親友といった間柄で家康の信頼は厚く、永禄三（一五六〇）年五月の桶狭間の合戦の前哨《ぜんしょう》戦・家康の丸根《まるね》城攻めに参陣。永禄六（一五六三）年の三河一向一揆では家康方についた。

その後、信康の傅役《もりやく》となり、築山《つきやま》事件後に信康の与力を預けられ、天正十（一五八二）年に甲斐《かい》の郡代となる。関東入国の際に上野《こうずけ》国厩橋《うまやばし》（群馬県前橋市《まえばし》）三万三〇〇〇石、関ヶ原《せきがはら》の合戦後に三万石を加増されて甲斐国に移封される。

家康の九男・徳川義直《よしなお》が甲斐国に入国するとその後見役となり、義直が尾張藩を開くと、清須・犬山一二万三〇〇〇石に封ぜられた。子がなかったため、家康の八男・仙千代《せんちよ》（義直の兄）を養子に迎えるが、早世したため、無嗣廃絶となった。

平岩家は古代の名族・弓削連《ゆげのむらじ》の末裔《まつえい》と称し、家紋は「丸に張弓」。丸の中に「弓」の字を二つ並べるという珍しい紋である。この他に「丸に結雁金《ゆいかりがね》」を使用する。「徳川十六将図」では衣服に家紋を付けていることが多いが、平岩親吉は多くの場合、丸に張弓紋を付けられている。蔦《つた》紋を使っている図もあるが、その由来は不明である。

人質時代の大親友

天文《てんぶん》十六（一五四七）年八月に家康が駿河今川家の人質として送還されると、親吉は二十八人いる従者の一人に選ばれた。ところが、その護送中に渥美《あつみ》半島を拠点とする戸田《とだ》家（家康の継母の実家）が今川家を裏切り、家康は尾張織田家の人質になってしまう（近年ではこの経緯に異説がある）。そのため、従者は二人に絞られてしまった。親吉（家康と同い年の六歳）と阿部善九郎正勝《あべぜんくろうまさかつ》（一歳年上の七歳）である。まず、筆頭家老の一族の阿部が選ばれ、あと一人は一番仲の良かった親吉が選ばれたのではないか。

その二年後の天文十八（一五四九）年三月に家康の父・広忠《ひろただ》が急死。今川家は何としても家康を奪回する必要に迫られ、太原崇孚雪斎《たいげんそうふせっさい》を派遣して安城城《あんじょう》を攻め、信長《のぶなが》の庶兄・織田信広《のぶひろ》を生け捕りにして家康との人質交換を実現した。

その結果、家康は駿河今川家の人質となり、従者は親吉・正勝を含め、八人に増えた。

人質時代をともにしたからといって、家康と仲がよいとは限らない。特に家康より年上だった阿部新四郎重吉《しんしろうしげよし》、内藤与三兵衛正次《よそうべえまさつぐ》等二十歳前後だった家臣は、その後も全く出世していない。これに対し、家康と同年代だった平岩親吉、鳥居元忠《とりいもとただ》、桜井松平忠正《さくらいまつだいらただまさ》らは後に厚遇されている。

あくまで推測の域を出ないが、家康は内向的で、通常なら「いじめられっ子」に属する子だったのではないか。家康は天文十一年十二月二十六日に生まれた。昔は生まれると一歳、大晦日《おおみそか》に一つ歳をとる。家康は生まれて一週間も経たないうちに二歳になってしまう。母親・於大《おだい》の方は満十四歳、まだ少女である。通常の妊産婦より母体が熟しておらず、胎児も小さかったと思われる。家康は同い年の子に比べ、かなり見劣りしたのではないか。

自分に自信のない竹千代《たけちよ》（家康）少年。そんな竹千代が心を開くのは、同じく劣等感の強い平岩七之助少年だったのだろう。

『士林泝洄《しりんそかい》』という尾張徳川家家臣の系図集がある。平岩親吉は筆頭家老だったので、彼の近親も取り立てられた。親吉の妹二人の嫁ぎ先も平岩と改姓し禄《ろく》を与えられた。その妹が二人とも、わざわざ「容貌醜シ《ようぼうみにく》」と註記《ちゆうき》されている。妹の容貌が悪くて、兄の七之助が美少年とは考えにくい。家康と人質時代をともに過ごしたのは七之助少年だけではない。しかし、無二の親友と呼べるのは七之助少年だけだった。ただ、三歳年長の鶴之助《つるのすけ》（のちの鳥居元忠）も、似たような感じの子だったようで、人質時代は竹千代に足蹴《あしげ》にされたという。

親吉が家康に愛されていた逸話がある。永禄三（一五六〇）年に起こった三河一向一揆で、親吉は一揆方の筧助大夫正重《かけひすけだゆうまさしげ》が放つ矢に当たって昏倒《こんとう》、正重が親吉の首級を取ろうとしたところ、はるか遠くで見ていた家康が馬を進めて大声で叱責《しつせき》した。正重は恐れを成して逃げ、そのお陰で親吉は九死に一生を得たという。

大親友だから長男の親代わり

家康は一揆を鎮圧すると、国内の今川勢を一掃して三河を統一。次いで、遠江に侵攻、永禄十二（一五六九）年三月に懸川城を攻め落として、西遠江を制圧した。

元亀元（一五七〇）年六月に家康は浜松城に移転し、家康の長男・岡崎三郎《おかざきさぶろう》信康に岡崎城を譲ると、親吉は三人の傅役（兼家老）の一人に選ばれた。家康は親友に子どもの後見を頼んだのだろう。

『藩翰譜《はんかんふ》』によれば、親吉は初陣の時から常に家康の側近く従い、向かうところ敵なし。勇材武略のたくましさばかりでなく、心には仁愛があって寛厚の長者というべき人物なので、信康の傅役とした。信康が若年のうちから、海道にも武名の高さを賞賛されているのは、親吉の功績が大きいと評している。

同元亀元年六月の姉川の合戦で親吉は石川数正率いる第三隊に参陣。

元亀三（一五七二）年十二月の三方原の合戦でも武功を上げた。家康は敗北を喫したが、武田信玄の病重く、武田軍は信濃に帰還。これを見た家康は、遠江侵略に再度着手。

翌元亀四（一五七三）年三月、親吉は家康の命により遠江天方《あまがた》城攻めの主将となり、大久保《おおくぼ》忠隣《ただちか》、渡辺守綱《わたなべもりつな》等を指揮。一方で糧道を断ち、もう一方では急襲させると、城兵は持ちこたえられずに夜陰に紛れて遁走《とんそう》。天方城は陥落。徳川兵は追撃しようと勇み立ったが、親吉は「窮鼠《きゅうそ》猫をかむという譬《たと》えもある。深追いすると、地の利がある敵兵の反撃を受けかねない」として、これを制したという。

天正三（一五七五）年五月の長篠の合戦でも親吉は石川数正率いる左翼軍として参陣。ちなみに、信康は武節《ぶせつ》城・足助《あすけ》城を攻め、初陣を飾ったが、親吉は同行していない。信康の傅役ではあるが、軍事的には、家康直下の部将として行動していたようだ。

同天正三年十二月、家康の伯父・水野《みずの》信元《のぶもと》に内通の嫌疑がかかり、家康は信元を大樹寺にかくまったが、信長に殺害を命じられてしまう。やむなく家康は石川数正をして信元を岡崎に向かわせ、その途中で親吉に殺害させた。親吉は号泣しながら、その首を取ったという。

天正七（一五七九）年に「築山事件」が起こり、信康自刃の道筋が定まると、以下のような会話があったという（『藩翰譜』）。

親吉は「信康殿謀叛により成敗するとうかがっていますが、親子の間で何かの遺恨があってのことでしょうか。これはひとえに讒訴《ざんそ》によるものでしょう。その実否を確かめもせずに実行に及べば、遠からず後悔することになりましょう。この親吉が年来信康殿の傅役を務めているので、罪を親吉一人にかぶせて首を刎ねて献上すれば、信長様の疑いも晴れ、ご納得いただけるかもしれません」と懇願した。

家康は「信康の謀叛が真実だとは思っていない。しかし、乱世の世に強国に挟まれている状況では、頼める者は信長様だけだ。今、信長様の意に背くことは徳川家滅亡に繋がる。父子の情を捨ててでも、それを阻まなければならない。お前の命乞いで信康の命が助かるならば、そうすることも一案だろう。しかし、信康自刃は避けられない。この上、お前まで失っては、それこそ悔やんでも悔やみきれない。お前の志しは決して忘れない」と言って嗚咽《おえつ》した。

親吉は言葉を失い、声を出して泣いた。結局、信康は自刃。駿河国庵原《いはら》郡江尻《えじり》村（静岡市清水区江尻）の江浄寺《こうじょうじ》に信康の宝塔があり、信康の遺髪を親吉と榊原《さかきばら》氏の女《むすめ》（康政の兄・清政の娘か）が埋葬したという（『徳川家康と其周囲』）。

近年の研究では、家康が信康自刃を主導したとの説もあるが、従来、信長の命によって信康を自刃させざるを得なかったとの説が主流で、それを前提とした話であり、創作の可能性も否めない。しかしながら、家康・信康父子と親吉の関係がよくわかる逸話である。

親吉は責任を取って蟄居《ちっきょ》したが、家康は出仕を求め、信康の与力十四人を附属せしめた。

親友だから甲斐郡代

天正十（一五八二）年五月、家康は信長の饗応《きょうおう》を受けるために上洛。同天正十年六月に本能寺の変が起こり、「神君伊賀越え」を敢行して岡崎に戻ったが、親吉は上洛に付き従わなかった。

家康は惟任《これとう》（旧明智）光秀を討たんとしたが、山崎の合戦の報を受けると、一転して甲信地方を侵略。一方、北条軍も甲信侵略を企図し、同天正十年八月八日に甲斐中山《なかやま》で北条軍と衝突。親吉は敵七人を討ち取る手柄を立てた。同月十日に徳川軍一万、北条軍二万（一説に四万）が甲斐若神子《わかみこ》（山梨県北杜《ほくと》市）で対峙《たいじ》した。数で劣る徳川軍であったが、鳥居元忠が局地戦で勝利をあげ、戦線は膠着。同年十月に講和するにいたった。

かくして、家康は三河・遠江・駿河・甲斐・信濃の五カ国を領有することとなり、甲斐国のうち、郡内《ぐんない》地方（都留《つる》市周辺）に鳥居元忠を置き、親吉を甲斐郡代に置いた。家康は武田信玄を崇敬しており、甲斐には人一倍思い入れが強かったから、信頼できる両者に預けたのだろう。さらにいえば、甲斐は小田原から直通で侵攻できる場所にあり、防衛上の要《かなめ》――危険地帯――だった。この二人なら何が何でも死守してくれるという、家康の冷酷な計算に違いない。

武田家滅亡で甲斐国は民心が定まらず、隣国の北条家などがその間隙《かんげき》を突こうとしたが、親吉が公平な民政を行ったので、ほどなくして国が治まったという（『藩翰譜』）。

天正十二（一五八四）年の小牧・長久手の戦いで、家康は北の上杉、東の北条を牽制《けんせい》しながら、西の秀吉と干戈《かんか》を交える必要に迫られた。親吉は家康に付き従わず、鳥居元忠とともに甲斐の守衛に専念。翌天正十三年には大久保忠世・鳥居元忠等と信濃上田城に真田昌幸を攻めるが敗退している。

同天正十三年十一月に重臣・石川数正が秀吉の許《もと》に出奔すると、家康は軍法を「旗本七備」に改め、親吉は侍大将の一人に選ばれた。

天正十六（一五八八）年に聚楽第行幸に参加する家康に従って上洛、同天正十六年四月に秀吉は家康家臣十一人に対して官位を与え、親吉は従五位下《じゅごいのげ》主計頭に叙任された。

天正十八（一五九〇）年の小田原合戦では本多忠勝、鳥居元忠とともに武蔵岩槻《むさしいわつき》城攻めに参陣。従者十四人が討ち死にする乱戦で、敵の首四十七を取り、家康から感状を与えられた。合戦後の関東入国で上野《こうずけ》厩橋（群馬県前橋市）三万三〇〇〇石を賜った。徳川家臣団ではナンバー6。酒井忠次《ただつぐ》の嗣子・家次《いえつぐ》よりも石高が多かった。

慶長元（一五九六）年、伏見城を建てた落慶《らっけい》の祝儀に参上した徳川家臣に、秀吉が黄金百枚ずつを与えた。本多忠勝・井伊直政はそのまま受け取り、榊原康政は家康に相談すると「下賜されたものを何故《なぜ》辞すのか」と言われて受領した。平岩親吉は「私は徳川家に仕え、禄をいただいているので生活にも困っていません。秀吉殿から金品を貪《むさぼ》るべき謂《いわ》れはありません」と使者に突っ返したという（『名将言行録』）。

親友だから九男の親代わり

慶長五年九月の関ヶ原の合戦では、親吉は厩橋城にあって北の上杉勢を牽制した。

家康は関ヶ原の合戦の勝利によって諸大名の改易・加増・転封を実施した。その一環として、翌慶長六年に親吉は三万石を加増されて甲斐府中《ふちゅう》（甲府）藩に移封され、武田旧臣の武《む》川衆《かわしゅう》七十四人を附けられる。やはり、甲斐は親友に任せたかったのであろう。関ヶ原の合戦の二ヵ月後に家康の九男・五郎太《ごろうた》（のちの尾張徳川義直）が生まれると、慶長八（一六〇三）年に義直を甲斐府中藩二五万石に封じ、親吉を後見役とした。

慶長十二（一六〇七）年に家康の四男・東条《とうじょう》松平忠吉《ただよし》が嗣子なきまま死去すると、義直はその後継として尾張清須五三万九五〇〇石に転じ、親吉は尾張犬山一二万三〇〇〇石に転封となったが、犬山城には入らず、清須で藩政を執った。

翌慶長十三年に清須に大洪水が起きると、仙千代の母方の叔父・山下氏勝《やましたうじかつ》が名古屋への移転を進言。慶長十五（一六一〇）年に義直が名古屋城に移ると、親吉は二の丸に移った。翌慶長十六年に危篤に陥り、十二月末に死去した（慶長十七年一月説もある）。享年七十。『寛政重修諸家譜』では名古屋城内で死去することを憚《はばか》り、私邸に戻って死去したと伝えるが、「名古屋城二の丸で死んだのが本当らしい。それで家康が不機嫌であったという記事が散見される。『病気が重ければ犬山城に移り、そこで果《は》てるべきに、名古屋で死んだのは不届だ』と言うのである」（『家康の臣僚　武将篇』）。

親友相手に冷たいとも感じられるのだが、親吉が晩年名古屋で権勢を振るい、家康が不機嫌だったという説もある。しかし、家康は親吉の死後、かれに近侍していた家臣五人を駿府《すんぷ》に召し出して小姓として扶持《ふち》したという。友情は途切れていなかったのだ。

第七節　鳥居彦右衛門元忠——親友だから死地に送られる

鳥居元忠の人物概要

鳥居彦右衛門元忠《とりいひこえもんもとただ》（一五三九〜一六〇〇）は幼名を鶴之助《つるのすけ》、通称を彦右衛門といい、家康より三歳年長で、駿河の人質時代をともに過ごした。家康からの信頼は厚く、親友といっていいだろう。

永禄三（一五六〇）年五月の桶狭間の合戦の前哨戦・家康の丸根《まるね》城攻めに参陣。永禄六（一五六三）年の三河一向一揆では家康方についた。永禄十（一五六七）年の「三備《みつぞなえ》」軍制改革で、元忠は本多忠勝・榊原康政等と「御旗本一手役之衆」に取り立てられ、懸川《かけがわ》城攻め、姉川の合戦、三方原の合戦、長篠の合戦などに参陣した。

天正三（一五七五）年の遠江諏訪原《すわのはら》城（静岡県島田市）攻めで受けた銃撃により、左足が不自由となる。その後も遠江犬居城、駿河田中城、遠江高天神《たかてんじん》城攻めに参陣。

天正十（一五八二）年二月、織田軍の甲斐武田攻めに従い、駿河田中城・用宗《もちむね》城攻めに加わる。家康の堺遊覧に随伴するが、病に臥《ふ》して「神君伊賀越え」には同行していない。家康の甲斐侵攻で北条軍撃退に大きな功績を上げ、甲斐郡内《ぐんない》地方（山梨県都留《つる》市近辺）の支配を任された。

関東入国の際に下総《しもうさ》矢作《やはぎ》（千葉県佐原《さわら》市）四万石を賜った。慶長五（一六〇〇）年八月、関ヶ原の合戦の前哨戦となる伏見城攻防で籠城《ろうじょう》側の主将を務め、一〇〇〇に満たない兵で一〇万余の大軍を相手に力戦し、壮絶な討ち死にを遂げた。

その子・**鳥居左京亮忠政**《さきょうのすけただまさ》（一五六六～一六二八）は六万石を加増され、陸奥《むつ》磐城平《いわきだいら》藩一〇万石、出羽《でわ》山形《やまがた》藩二二万石を領した。子孫が二度も錯乱・不行状で改易されてしまうが、先祖・元忠の勲功により、幕府も鳥居家をお取りつぶしにすることが出来ず、改めて能登《のと》下村《しもむら》藩一万石を賜り、最終的には下野《しもつけ》壬生《みぶ》藩三万石で明治維新を迎えた。

鳥居家の家紋は「竹に雀」「鳥居」「鶴の丸」である（元々「竹に雀」は幕紋、「鳥居」は旗の紋だったといわれる）。「徳川十六将図」では衣服に家紋を付けていることが多いが、鳥居元忠は「竹に雀」「鳥居」「鶴の丸」を付けられている。中には元忠に「竹に雀」、四郎左衛《しろうざえ》門忠広《もんただひろ》（後述）に「鳥居」を付けて区別している図もある。

股肱の忠臣・元忠

天文二十（一五五一）年、元忠は十三歳の時、駿河で人質となっている家康の従者となった。或《あ》る日、家康が百舌鳥《もず》を鷹のように据えて遊び、元忠にも「やってみろ」と指示し、その据え方が悪いと縁側から突き落としたことがあった。元忠の父・忠吉はこれを聞き、「凡人ならば、少しは遠慮してそのようなことは控えるものを、家康殿はお心のままに振る舞われ、あっぱれ大将の御器量を備えておられる。将来が楽しみだ。お前は心を広く持ち、殿を補佐することが第一だ。斯様《かよう》なことくらいで殿を制してはならぬ。今後も忠勤を励むように」と、元忠に言い含めた（『名将言行録』）。平岩親吉《ひらいわちかよし》の節でも述べたが、家康は内気な少年だったと思われ、元忠は我が儘《まま》が言える数少ない親友だったのだろう。

諱《いみな》の「元忠」は今川義元から偏諱《へんき》を受けたのだろう。家康は広忠の子なので「元忠」と名乗りたかっただろうが、やむなく「元信《もとのぶ》」を名乗り、「元康」と改名したと思われる。

永禄元（一五五八）年二月の寺部《てらべ》城攻めで元忠は家康とともに初陣を果たし、永禄三（一五六〇）年五月の桶狭間の合戦の前哨戦・家康の丸根城攻めで、御馬廻《おうままわり》として参陣した。

永禄六（一五六三）年に起こった三河一向一揆で、鳥居一族は鳥居元忠、および鳥居才一郎《さいいちろう》が家康方につき、鳥居四郎左衛門忠広、鳥居金五郎《きんごろう》が上野城に立て籠《こ》もって一揆方についた。一揆鎮圧後、赦《ゆる》されて家康麾下《きか》に戻った者もいたが、鳥居四郎左衛門忠広は追放の身となり、後日の復帰を余儀なくされた。

遠江攻略で擡頭

天正三（一五七五）年七月の遠江諏訪原城攻めで、元忠はその地に通じていたため、斥候《せっこう》（偵察）を務めたが、敵も猩々緋《しょうじょうひ》（赤みの強い紫色）の陣羽織が元忠であると知っており鉄砲を放った。元忠は左の股《また》を撃ち抜かれて落馬、従者・杉浦藤八郎《すぎうらとうはちろう》に助けられたが、左足が不自由となる。そのため、家康の前でも正座することはなかった。

天正八（一五八〇）年十月の高天神城攻めで、家康は周囲に壕《ほり》を深くして高い柵《さく》を立て包囲戦・兵粮《ひょうろう》攻めに持ち込んだ。ところが、笑い話のような話で、小荷駄《こにだ》部隊が遅れ、包囲する側も兵粮に事欠く有様だった。そこで、側近が近くの民家から飯を調達し、元忠に差し出した。元忠は「配下の士卒が飢えているのに、自分一人だけ食べるわけにはいかない。士卒とともに餓死しても構わない」と言って、その飯を受け取らなかった。もちろん、士卒等は感激。やがて小荷駄部隊が到着すると、士卒の気力は漲《みなぎ》り、戦に備えた。天正九（一五八一）年三月に敵将が柵を突破し逃亡を図ったため、元忠は本多忠勝とともに、これを追撃し、首級十九の手柄をあげる。

伊賀越えに乗り遅れ、甲信経略で大活躍

天正十（一五八二）年五月、家康は信長の饗応を受けるために上洛。元忠も付き随ったが、京都にて病に臥《ふ》した。六月に本能寺の変が起こり、堺遊覧中の家康一行は「神君伊賀越え」

を敢行して岡崎に戻った。しかし、元忠は堺に同行しなかったため、家康の身を案じて自殺を考えたが老臣に諫《いさ》められ、人を遣わして家康の動向を探り、岡崎帰還を知って安堵したという（一説には、何かあった時の在京要員だったともいう）。

家康は惟任（旧明智）光秀を討たんとしたが、山崎の合戦の報を受けると、一転して甲信地方を侵略。甲府に入って武田旧臣に宛行状《あてがいじょう》を発行して家臣団に加え、甲斐（山梨県）を傘下に置くとともに、信濃（長野県）へと北上した。一方、北条軍も甲信侵略を企図。同天正十年八月、北条軍二万（一説に四万）は上野《こうずけ》（群馬県）を経由して甲斐に南下したが、徳川軍の堅牢さを見抜いて無理をせず、甲斐若神子《わかみこ》（山梨県北杜市《ほくと》）に留《とど》まった。徳川軍一万は、元忠等を古府（山梨県甲府市）に置き、新府（山梨県韮崎市《にらさき》）に陣を移した。

北条軍を指揮する北条氏直《うじなお》は、古府の守りが薄いと判断。弟・北条氏忠《うじただ》に命じて、八〇〇〇騎にて出陣させ、甲斐南部の郡内地方を経由して古府の後方攪乱《かくらん》を図った。

一方、元忠は古府を守備する間、近隣の農夫を手懐《てなず》け、北条家をよく知る者がいれば、情報を引き出し、黒駒《くろこま》（山梨県笛吹市《ふえふき》）に潜入させると、氏忠軍が伏兵しているとの報せ《しら》を得た。元忠は一計を案じ、古府から新府へ退却するふりをした。氏忠軍はすっかり油断して黒駒に陣を張った。元忠は在陣する水野勝成《みずのかつなり》・三宅康貞《みやけやすさだ》・竹谷松平清宗《たけのやきよむね》・内藤信成《ないとうのぶなり》等と申し合わせ、夜明けとともに一五〇〇の兵を率いて氏忠軍を急襲。ドッキリを仕掛けた氏忠軍が、

図2－10：甲斐若神子・黒駒合戦

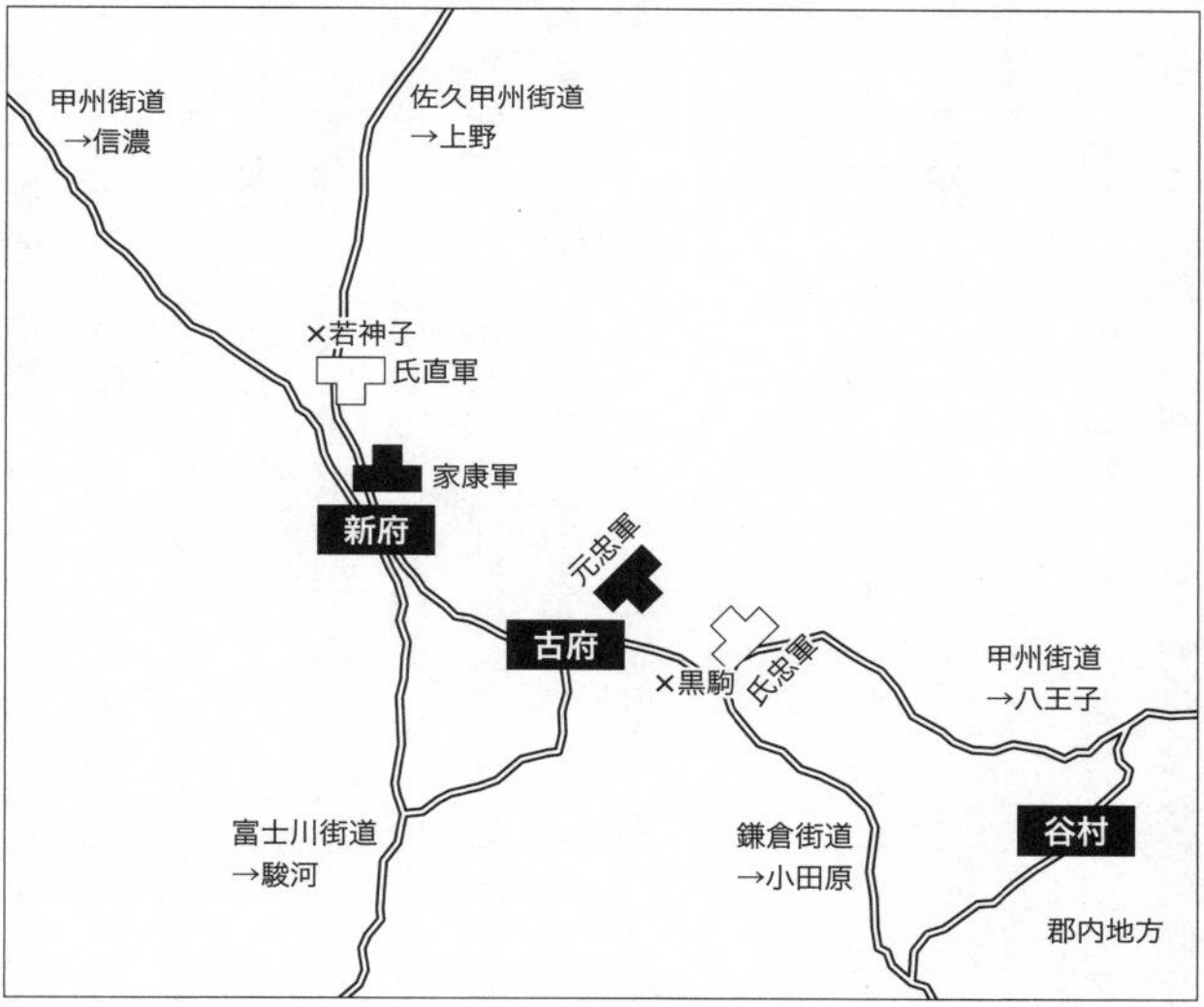

逆ドッキリを仕掛けられた形となり、たちまち浮き足だって敗走。元忠軍は名だたる者三〇〇人余りを討ち取るという大勝利を得た［図2―10］。

元忠が余勢を駆って谷村《やむら》城攻めを告げると、側近等は士卒の疲労を理由に諫めた。しかし、元忠は「谷村城に然《しか》るべき兵士はおらず、黒駒から敗走した兵は谷村城に籠もらず、相模に遁走《とんそう》しているはずだから攻略は容易だ」と反論。果たして元忠の考えが当たり、谷村城を難なく陥落させた。

家康は黒駒合戦で取った首を北条軍に向けて晒《さら》したため、北条軍は厭戦《えんせん》気分となり、戦線は膠着《こうちゃく》。同年十月に講和するに至った。かくして、家康は三河・遠江・駿河・甲斐・信濃の五カ国を領有することとなり、平岩親吉を甲斐国郡代に命じ、元忠は郡内地方の支配を任された。武田領国時代から、郡内地方は武田家の盟友・小山田《おやまだ》家（三方原で元忠が対戦した信茂《のぶしげ》の家系）が支配し、他郡とは支配形態が異なっていた。それを踏襲したものと思われる。

武田四天王の一人・馬場美濃守信房《ばばみののかみのぶふさ》（信春《のぶはる》ともいう）の娘が甲斐国内に潜伏していると、家康に密告した者があった。家康は元忠に捜し出して召し連れるように命じたが、元忠は見つからなかったと報告。この件はいったん沙汰《さた》止みとなった。後日、家康が密告者に重ねて尋ねると、実は元忠がその娘を囲って本妻のようにしていると耳打ちした。家康は「あの彦右衛門という男子《おのこ》は、若い頃から何事にも抜かりがないヤツだった」と大声で笑ったという。

叙任を固辞

天正十二（一五八四）年の小牧・長久手の戦いで、元忠は平岩親吉とともに甲斐の守衛に専念。主戦場には赴かなかった。

翌天正十三年閏《うるう》八月に元忠は大久保忠世《おおくぼただよ》・平岩親吉等と信濃上田城に真田昌幸を攻めるが敗退。昌幸は元忠軍を指さして、嫡男・真田信之《のぶゆき》に「敗軍の士を集め静めることは容易に出来ることでは無い。今、元忠の陣営をみるに備を設け、旗を立てるところ、武功の将というべきで、あのようにしなければ、敗兵を救うことは出来ない。お前はまだ年若いので、よく見習いなさい」と述べたという。

同天正十三年十一月に重臣・石川数正が秀吉の下に出奔すると、家康は軍法を「旗本七備」に改めた。その内の一人・大須賀康高が天正十七年に死去したため、元忠が代わりの侍大将に選ばれた。

小牧・長久手の戦いの後、秀吉は家康に臣下の礼を取らせるべく外交戦を展開、やっとのことで天正十四（一五八六）年十月に家康が上洛。随伴した酒井忠次は秀吉の仲介で従四位《じゅしい》下左衛門督《のげさえもんのかみ》、榊原康政は従五位下式部大輔《じゅごいのげしきぶのたいふ》に叙任された。元忠も叙任を勧められたが、「私は不才者にて、徳川・豊臣の二君から恩恵を受けても、いかにして両君に忠義を尽くせばよいのかがわからない。殊に三河譜代の田舎者で万事粗忽《そこつ》なので、官位を賜って朝廷に出仕するような器量ではない」と固辞した。天正十六（一五八八）年に聚楽第行幸で家康が上洛すると、嫡男・鳥居忠政が従五位下左京亮に叙任された。

天正十八（一五九〇）年の小田原合戦では本多忠勝、平岩親吉等とともに武蔵岩槻城攻めに参陣。元忠は曲輪《くるわ》を撃ち破って旗を立て、先んじて城に乗り込み激戦を制した。城将・伊達与兵衛《だてよへえ》某は「鳥居の旗を立てたる兵士の攻撃が凄《すさ》まじく、かの兵の働きによって落城したと言っても過言ではない。願わくば、その将にこの城を明け渡したい」と語ったが、台命により豊臣家臣・浅野《あさの》長政《ながまさ》が城を引き取った。元忠はこの功により秀吉から感状を賜った。さらに相模《さがみ》筑井《つくい》城を攻め落とし、城を引き取った。

壮絶な討ち死に

慶長五（一六〇〇）年六月、家康は上杉討伐のため、大坂城を発《た》ち、伏見城に滞在。元忠、および深溝《ふこうず》松平主殿助《とのものすけ》家忠《いえただ》、内藤弥次右衛門《やじうえもん》家長《いえなが》、大給《おぎゅう》松平五左衛門《ござえもん》近正《ちかまさ》等を呼び、伏見城の守衛を任せた。反徳川が挙兵すれば、伏見城が真っ先に血祭りに上げられる。死地ともいえる城だった。

元忠は家康に「上杉は強敵だから、一人でも多く兵を連れて行った方がいい。伏見城は自分一人で事足りる。有事の場合は、今の十倍の兵を残しても防ぐことは出来ない」と告げると、家康は黙っていたが、しばらくして駿府《すんぷ》での人質時代のことを語り出した。夜が更けてきたので、元忠は「何事もなければ、また目にかかることもあるでしょう。もし有事となれば、永いお別れになる」と座を立つと、家康は袖《そで》で涙をぬぐったという（『名将言行録』）。

同年七月十五日、石田三成の使者が伏見城の明け渡しを勧告したが、元忠は断固としてこれを拒否。一八〇〇人にて立て籠《こ》もった。

七月二十五日、石田三成、毛利《もうり》・島津《しまづ》・宇喜多《うきた》・小早川《こばやかわ》・鍋島《なべしま》・立花《たちばな》等、一〇万余りの軍

勢が城を囲んだ。二十九日、関ヶ原合戦の前哨戦ともいえる伏見城総攻撃の火ぶたが切って落とされた。三十日までに六度の合戦に及ぶが、籠城《ろうじょう》方は堅固にして屈せず。しかし、近江《おうみ》水口《みなくち》城主・長束正家《なつかまさいえ》が、松の丸を守る甲賀者《こうがもの》に矢文を放ち、甲賀に残る妻子を磔《はりつけ》にすると脅すと、甲賀者は動揺して城に火を掛けた。

翌八月一日、ついに内藤家長、深溝松平家忠、大給松平近正が討ち死に。事ここに至って、家臣は元忠に自刃を勧めるが、元忠は「主将として、敵に隠れて自刃するのは本意にあらず、刀の目釘《めくぎ》折れるまで、敵兵を一人でも多く倒して討ち死にするのが本望だ」と言って大手門を開かせ、二〇〇人余を率いて城外に打って出た。

敵を切り崩しては城内に戻ること三度に及び、従う士卒の大半は討ち死にを遂げ、わずか十騎ばかりとなり、自らも多くの疵《きず》を負った。元忠が長刀《なぎなた》を杖《つえ》として石段に腰を掛け、休息を取っていると、鈴木《すずき》孫三郎《まごさぶろう》某組下の雑賀《さいか》孫市重次《まごいちしげつぐ》（重朝《しげとも》ともいう）が槍《やり》を取って突きかかり、遂に元忠は組み伏せられた。雑賀は元忠に「大将の身にありながら、匹夫《ひっぷ》（身分の低い士）に討たれては悔しいでしょう」と自刃を勧め、元忠は自刃。享年六十二。

この日、元忠に従って討ち死にした家臣は五七人、その他の兵七〇〇余人、歩卒数百人に及んだ。元忠の首は大坂京橋口に晒されたが、京都の商人・佐野《さの》四郎《しろう》右衛門《えもん》はかつて元忠の恩を受けていたので、その首を密《ひそ》かに奪って知恩院《ちおんいん》にて荼毘《だび》に付した。

雑賀（鈴木）重次はその後、水戸徳川家の重臣となり、人を介して元忠の嫡男・鳥居忠政に「御尊父を討ち取った時の形見を保管してあるので、お返ししたい」と申し出た。重次が鳥居邸に遺品の甲冑・太刀などを持ち運ぶと、忠政は自ら門外に出迎えて饗応した。そして、忠政は「父の遺品は、重次の家で名誉の品として御子孫に伝えることが望ましい」と、後日遺品を返却した。また、その後も毎冬に重次邸に衣服等を贈り続けた。

重次の主君・水戸徳川頼房《よりふさ》（家康の十一男）はこれを聞いて感銘を受け、使者が来る時期に必ず道を整備させ、重次にも饗応向けの魚や鳥を下賜したという（『藩翰譜』）。

第三章　武技に長けた者たち

第一節　内藤四郎左衛門正成——射殺す弓の達人

内藤正成の人物概要

内藤四郎左衛門正成《ないとうしろうざえもんまさなり》（一五二七～一六〇二）は初名を甚一郎《じんいちろう》、通称を四郎左衛門といい、家康《いえやす》より十五歳年長である。強弓の名手で、鞍《くら》の前輪《まえわ》から後輪《あとわ》を射貫《いぬ》いた。楯《たて》を貫通して敵を射殺した。六本の矢で六人を射殺した。一本の矢で二人を射殺した等々、弓矢に関わる逸話は数知《いころ》れず。膂力《りょりょく》に勝《すぐ》れ、槍《やり》にも秀でていたという。

永禄《えいろく》六（一五六三）年の三河一向一揆《みかわいっこういっき》では家康方につき、一揆方についた叔父《おじ》を射殺す忠義心をみせた。三河統一、遠江《とおとうみ》侵攻、金ケ崎《かねがさき》の殿軍《しんがり》、高天神《たかてんじん》城攻めなどで弓矢の腕を披露し、信長《のぶなが》からも評価され、秀吉《ひでよし》も面会を希望するほどの弓の名手だった。

常人から隔絶した技量の持ち主で、部下を指揮するタイプではなく、最終的には軍監までの出世で終わり、大名にはなれなかった。天正《てんしょう》十八（一五九〇）年の関東入国では五〇〇〇石を賜ったが、すでに還暦を過ぎており、それ以降の合戦記録はない。慶長《けいちょう》七（一六〇二）年に死去。享年七十六。

長男と三男はそれぞれ同僚と諍《いさか》いを起こし、長男は廃嫡され、三男は自害（さすがに猛将の子はケンカっ早いらしい）。次男が家督を継いだが、孫の代に不祥事により改易される。庶流が旗本として残った。三男の義父は老中・安藤対馬守重信《あんどうつしまのかみしげのぶ》で、遺児は重信の養子となり、子孫は大名として存続した。坂下門《さかしたもん》外の変で有名な安藤対馬守信正《のぶまさ》はその子孫である。

家紋は「下藤《さがり》の丸」。「徳川十六将図」では衣服に家紋を付けていることが多いが、内藤正成は下藤の丸紋を付けられている。

弓の達人、敵を射殺す

正成は三河国幡豆《はず》郡野場《のば》村（額田《ぬかた》郡幸田《こうた》町野場）で生まれたと思われるが、伯父《おじ》・内藤弥《や》次《じ》右衛門《えもん》清長《きよなが》に属して上野《うえの》城（豊田《とよた》市上郷《かみごう》町）に在城していた。

天文《てんぶん》十一（一五四二）年十二月、織田《おだ》信秀《のぶひで》が上野城を攻めると、正成は弱冠十六歳にして斥候《せっこう》の兵を槍で討ち取り、城内に戻ると自慢の弓で敵軍を撃退。その死傷者は二百余人に及んだという。勝利に大いに貢献したため、広忠《ひろただ》から直臣に取り立てられ、三河幡豆郡のうちに領地を賜り、伯父・清長からも七所《ななところごしらえ》拵の刀を与えられた。

同天文十一年に再び上野城攻めが起こると、正成は城を出て敵将と槍を合わせ、その首級を取った。主将を失った織田軍は敗走を余儀なくされた。

弘治《こうじ》三（一五五七）年の刈谷《かりや》合戦でも槍で首級をあげ、弓矢で敵兵を射殺した。

三河一向一揆でも敵を射殺す

永禄六（一五六三）年に起こった三河一向一揆で、正成は父・内藤甚五左衛門《じんござえもん》らと家康についた。

野寺《のでら》（安城《あんじょう》市野寺町）の本証寺《ほんしょうじ》の一揆勢五人が正成を倒すべく、針崎《はりさき》（岡崎《おかざき》市針崎町）において急襲したが、正成はこれを一人で蹴《け》散らした。一揆方の矢田作十郎《やださくじゅうろう》はそれ見て「敵はわずか一人、味方は五人だ。討ち果たせ」と激励。正成はそれを聞き、作十郎に襲いかかると、作十郎は一転して敗走した。

正成は「卑怯《ひきょう》だぞ、作十郎。言ってることとやってることが違うではないか」と叫んだが、作十郎は振り返りざま、「お前と戦うような、命を軽んじることはしたくない」と言って敗走した。後日、作十郎は「正成と戦えば、俺は必ず討たれる」と語ったという。

内藤正成
丸に下り藤
（まるにさがりふじ）

高木性順入道
丸に違鷹の羽
（まるにちがいたかのは）

蜂屋半之丞
丸に桔梗
（まるにききょう）

大久保忠佐
上藤の丸に大文字
（あがりふじのまるにだいのもじ）

個人蔵

図2−11：十六将の家紋②

翌永禄七年一月、一揆勢の石川十郎左衛門《いしかわじゅうろうざえもん》、渡辺源五左衛門高綱《わたなべげんござえもんたかつな》・渡辺半蔵守綱《はんぞうもりつな》父子等が上和田村《かみわだ》（岡崎市上和田町）の大久保《おおくぼ》一族を攻め、正成は家康に従って救援に向かった。

正成は「石川十郎左衛門は私の舅《おじ》（母方の叔父）だが、今日は主君のため、私事は顧みない」と矢で射殺し、次いで高綱も射殺した。石川数正《かずまさ》はこれを見て、家康に「正成の心構えをお忘れなさいますな」と語ったという。

三河統一・遠江侵攻でも敵を射殺す

家康は一揆を鎮圧すると、国内の今川勢を一掃すべく、東三河に兵を進めた。永禄七（一五六四）年、牛窪《うしくぼ》合戦で敵将・牧野右馬允成定《まきのうまのじょうなりさだ》が味方を囲み、退却を余儀なくされた。正成は殿軍を託され、矢で敵の鞍の前輪から後輪を射貫く荒技を披露。敵兵は恐れおののき追撃をやめたという。

同永禄七年、御油《ごゆ》城攻めでは、敵兵が櫓《やぐら》に登って大声をあげた。味方の兵が矢を射るが、遠くて及ばなかったので、家康は正成に矢を射るように命じた。正成の放つ矢は三本のうち、二本が櫓に届いたので、敵兵は驚いて櫓から降りた。敵兵が楯を持って路傍《ろぼう》に伏し、正成が前進するのを待って槍で突こうとしたが、正成はそれを見るや矢を放ち、楯を貫通させて敵兵を射殺した。

元亀《げんき》元（一五七〇）年、信長の越前《えちぜん》攻めに家康に従って参陣。家康が金ケ崎での殿軍を任されると、正成は六本の矢で六人を射殺した。

鳥居四郎左衛門とともに「両四郎左」と呼ばれる

元亀三（一五七二）年十二月の三方原《みかたがはら》の合戦で、正成は奮戦するあまり家康の側から離れてしまい、馬を馳《は》せて駆け寄った。それに続く者はわずか七、八騎。家康に退くように諫言《かんげん》した。

徳川十六神将の一人とされる鳥居四郎左衛門（忠広《ただひろ》）は、正成とともに「両四郎左」と呼ばれる勇将であった。『名将言行録』によれば、三方原の合戦で討ち死にする際に、両人の間に以下のようなやりとりがあったという。

敗戦の色が濃くなると、鳥居四郎左衛門は正成に向かって「我はここに踏みとどまって敵を防いで討ち死にする。貴殿は殿を助けて退《ひ》かれよ」と言った。正成はこれを受けて「汝《なんじ》は我よりも若いので、まだ殿のために忠義を尽くされよ、今日討ち死にするのは我の役目だ」と言って引き返そうとした。鳥居は「忠義を論じれば、ともに互角だと思うが、今回は我が先に言い出したので、武士として、それを呑《の》み込む訳にはいかない。貴殿とともに討ち死にするのは、殿を棄てることに等しい」と言って、正成を制した。正成は折れて鳥居の言い分を聞いた。この後、鳥居は討ち死にした。

合戦の最中《さなか》、家康の身がまだ危なかったので、正成は子の弥九郎《やくろう》に向かって「汝が命に代えてもお守りしろ」と言い放てば、弥九郎は「望むところだ」と言う。正成は「我が引き返して討ち死にすることは簡単なことだが、殿に従う者はみなまだ若い。ここはただ恙《つつが》なく引き取ろう。若武者は血気盛んで逃げることを恥とする。我が討ち死にすれば、殿は必ずや窮地に陥るだろう。我が踏みとどまるところは、今この場所だ」と語れば、弥九郎は引き返して敵陣に突っ込んで討たれた。家康はそのお陰もあって帰城することができたという。

長久手の合戦での活躍

天正《てんしょう》十二（一五八四）年四月の長久手の戦いで、三好秀次《みよしひでつぐ》（のちの豊臣《とよとみ》秀次）を大将、池田《いけだ》恒興《つねおき》、森長一《もりながかず》（長可《ながよし》）らで構成する軍勢が、三河岡崎に秘《ひそ》かに攻め入るのを察知した徳川軍は、榊原康政《さかきばらやすまさ》を先鋒《せんぽう》として背後から追撃。さらに家康本隊が井伊《いい》直政《なおまさ》隊と二手に分かれて、井伊を先鋒として挟み撃ちした。

正成は井伊直政指揮下で高木《たかぎ》主水助《もんどのすけ》清秀《きよひで》とともに軍監を務めた。正成・清秀は敵軍の形勢を察して攻撃を進言し、勝利に貢献した。

勝利の後、正成は清秀とともに「秀吉は勇ましい性格なので、この敗戦を聞けば、必ずや再戦を挑んでくるだろう。今、味方の兵は疲弊しているので、強いて合戦に及べば敗戦は免れない。しばらく兵を休めることが肝要だ」と注進した。家康はこれを許容して、軍を小幡《おばた》城に返し、兵を休ませた。御帰陣の後、正成は七〇〇石を加増された。

翌天正十三年閏《うるう》八月に徳川軍は信濃《しなの》上田《うえだ》城に真田《さなだ》昌幸《まさゆき》を攻めるが敗退した。徳川家臣の堀和泉《ほりいずみ》、玉虫《たまむし》二郎《じろう》（次郎《じろう》右衛《え》門繁茂《もんしげもち》のことか？）はその有様を見て「とかく味方は足軽の働かせ方が悪い。この分では勝てない」と家康に報告した。

家康は正成を上田に派遣。正成は諸将に「足軽はよくよく訓練させなければいけない」と告げ、足軽を二十五人ずつに分けてよく訓練した。それらの足軽が合戦をしかけると、真田軍は「徳川は戦巧者を寄越したと見える。足軽の動きが以前とは全く違う」と語ったという。

表2-2：武辺場数之有衆

武辺場数之有衆	諱	十六将
石川伯耆守	数正	
松平周防守	忠次（康親）	
酒井左衛門尉	忠次	●
本多平八	忠勝	●
内藤四郎左衛門	正成	●
高木主水	清秀	●
大久保七郎右衛門	忠世	●
本多百助	信俊	
鳥居彦右衛門	元忠	●
池　波之助		
池　水之助		
本多三弥	正重	
渡辺半蔵	守綱	●
本多彦二	忠次	
富永弥太郎		
大須賀五郎左衛門	康高	

※『松平記』などより作成。

信長・秀吉からも一目置かれる

天正三（一五七五）年五月、長篠《ながしの》の合戦にて、信長の使者が徳川軍に先陣を下知せよと伝令に来た。正成は「我が主君は他人から先陣の下知を受ける者にあらず。この内藤が承って返答したと申されよ」と声を荒らげて追い返したという。信長はそれを聞いて「徳川には良い家臣が数多くいるものだ」と感心したという（昨今の研究では、この頃、信長と家康は同盟ではなく実質的には主従関係にあったというので、実態は定かでないが、『名将言行録』に採録されている）。

かつて、信長が「武辺場数之有衆」といって、織田家臣や徳川・筒井家臣などから武功ある者を一覧し、特に勝《すぐ》れたものに墨を付けた。信長は徳川家臣十六人を書き連ね、うち十一人に墨を付けた（『松平記』）［表2―2］。

正成も墨を付けられた者の一人だったので、後日、秀吉からぜひ会いたいと申し込まれたが、正成は老年だからと言って断った。鳥居元忠とも共通するのだが、他家からの評価を避ける、シャイな無骨者ぶりが三河武士の価値観なのだろう。

第二節　高木主水入道性順――中途採用期待の星

高木性順入道の人物概要

高木《たかぎ》主水《もんど》入道性順《せいじゅん》は俗名を**高木主水助清秀**《もんどのすけきよひで》（一五二六～一六一〇）といい、家康より十六歳年長である。『士林泝洄《しりんそかい》』によれば、三河国碧海《あおみ》郡牧内《まきうち》村（岡崎市東牧内町・大和《だいわ》町）に生まれ、幼少の頃より水野《みずの》信元《のぶもと》（家康の伯父）に仕えて尾張国知多《ちた》郡緒川《おがわ》村（愛知県知多郡東浦《ひがしうら》町緒川）に住んでいたという。

水野家臣だった頃から徳川家と戈《ほこ》を交えて、その武名は高く、三河一向一揆では援軍として活躍した。信元は織田信長の命で切腹させられ、水野遺臣は佐久間《さくま》信盛《のぶもり》の与力となった。清秀も佐久間に附けられる。本能寺《ほんのうじ》の変後に家康に転仕し、小牧《こまき》・長久手《ながくて》の合戦では内藤正成《ないとうまさなり》とともに軍目付に任じられ、家康の関東入国で相模海老名《さがみえびな》にて五〇〇〇石を賜る。嫡男・**高木主水正正次**《もんどのかみまさつぐ》（一五六三～一六三〇）が河内丹南《かわちたんなん》藩一万石を賜り、子孫は大名に列した。

家紋は「丸に違鷹《ちがいたか》の羽《は》」「卍《まんじ》」である。「徳川十六将図」では衣服に家紋を付けていることが多いが、高木性順入道は「丸に違鷹の羽」「卍」紋を付けられている。

家康に仕えるまで

清秀の父・宣光《のぶみつ》は「三河国碧海郡牧内村に住し、永禄《えいろく》九年二月二日死す。年八十二。法名性玄《しょうげん》」（『寛政重修諸家譜《かんせいちょうしゅうしょかふ》』）と記している。牧内村は、水野家の本拠・知立《ちりゅう》より、松平家の本拠・安城《あんじょう》に近い。主従関係が単純に地形に沿っているとはいえないが、なぜ松平家ではなく、水野家に仕官していたのかは不明である。

清秀の母は酒井《さかい》平兵衛《へいべえ》正信《まさのぶ》の女《むすめ》で、この正信がいかなる人物かは不明であるが、『寛政重修諸家譜』に類似の人物を見つけることができる。旗本一五〇俵・酒井弥次右衛門《やじえもん》元次《もとつぐ》を載せ、その祖父を酒井平兵衛元重《もとしげ》「水野下野守《しもつけのかみ》信元に仕ふ」と記している。この元重が正信を指していると考えられ、母方の実家・酒井家が水野家臣だったから、もしくは両親ともに水野家臣であったから、清秀も水野家に仕えたのであろう。

しかし、清秀は二十代の頃、水野信元のもとを離れ、信長の父・織田信秀《のぶひで》に属していたという。天文《てんぶん》十七（一五四八）年三月十七日に織田家が三河に侵攻し、小豆坂《あずきざか》（岡崎市羽根《はね》町）で合戦に及んだ際、清秀は馬上にて敵と組み合ってその首を討ち取るなど、見事な武功で加増された。

水野家は、信元の父・忠政《ただまさ》の代に今川《いまがわ》方についていたが、忠政の死後、信元は織田方に転じた。そのため、水野家は今川家の対戦目標とされ、居城・緒川城の北側にあたる村木《むらき》（愛知県知多郡東浦町森岡《もりおか》）には今川家の砦《とりで》が築かれた。

困った信元は清秀を再び呼び寄せた。天文二十二（一五五三）年末に信元が村木砦を攻めた時、清秀は先駆けして疵《きず》を負いながらも敵を討ち取る武功を上げた。桶狭間《おけはざま》の合戦後、家康は織田方を相手に弔い合戦として、石ヶ瀬《いしがせ》（愛知県大府《おおぶ》市）で水野家と合戦に及び、清秀は石川数正《いしかわかずまさ》等と七度槍《やり》を合わせる激戦を演じた。しかし、永禄四（一五六一）年頃に家康は信長と同盟を結び、水野家との友好関係を復した（そもそも両者を仲介したのは信元という説がある）。

永禄六（一五六三）年末に三河で一向一揆《いっこういっき》が起き、翌永禄七年には水野家が援軍として参加。清秀ははじめて家康に拝謁し、先祖の名田《みょうでん》が三河大岡《おおおか》（安城市大岡町）領の内にあったというので、家康からその地の諸公事《しょくじ》免許の判物《はんもつ》を下された。

その後も清秀は織田―水野家の下で数度の合戦に参加した。元亀《げんき》元（一五七〇）年六月の姉川《あねがわ》の合戦、天正《てんしょう》二（一五七四）年の長島《ながしま》の一向一揆攻め、翌天正三年五月の長篠《ながしの》の合戦などである。なお、天正三年十二月に水野信元が誅殺《ちゅうさつ》され、先述の通り、清秀は他の水野旧臣とともに佐久間信盛に附けられた。織田家中では佐久間が三河方面を管轄していたからだろう。

清秀は佐久間に従って、大坂本願寺《ほんがんじ》攻めで武功を上げるとともに、天正五（一五七七）年八月の松永久秀《まつながひさひで》が籠《こ》もる大和信貴山《やまとしぎさん》城攻めでは一番槍、翌天正六年の荒木村重《あらきむらしげ》の有岡《ありおか》城攻めでも一番に塀についたという。天正八年八月の「佐久間父子追放後の清秀の処遇についでは詳らかではないが、おそらく尾張の水野忠重《ただしげ》（信元の弟）などと同じく、信忠《のぶただ》に属したものと思われる。しかし、その頃の行動は全く伝わっていない」（『織田信長家臣人名辞典』）。

清秀は「その驍名《ぎょうめい》が高いので、池田勝入斎《しょうにゅうさい》（恒興《つねおき》）・佐々成政《さっさなりまさ》・柴田勝家《しばたかついえ》等が、それぞれ高禄をもって招聘したけれど清秀は応じなかった。あきらめかねた勝家は、或時清秀を饗応し、秋広の刀を贈ったとのことである」（『家康の臣僚 武将篇』）。家康もまた清秀招聘《しょうへい》の手を伸ばした。本能寺の変後の甲斐《かい》・信濃《しなの》侵攻で、家康は五カ国を領有する大大名へと急成長する。近隣にもその名が轟《とどろ》くような、優秀な人材をスカウトしたかったのだろう。

かくして、家康は甲斐侵攻中の新府《しんぷ》（山梨県韮崎市《にらさきし》）から高木九助広次《きゅうすけひろつぐ》（一般には広正《ひろまさ》）を派遣、清秀に対して麾下《きか》に加わるように勧めた。天正十年十月、清秀はこれに応じ、その子・高木善次郎正次《ぜんじろうまさつぐ》をともなって家康に拝謁。三河・尾張・遠江《とおとうみ》の内において一〇〇〇石の知行を賜わった（高木広次は、同じ三河出身の高木姓であるが、清秀との姻戚《いんせき》関係は不明）。

軍目付として活躍

清秀が徳川家に転仕した時、すでに五十七歳になっていた。しかし、人使いに長《た》けた家康は、天正十二（一五八四）年に小牧・長久手の合戦《いくさ》が起きると、清秀を軍目付・斥候《せっこう》として採用する。軍目付は、中立的な立場で士卒の働きを評価するとともに、斥候（敵情視察）にも駆り出される。清秀はその名が聞こえた名将で、しかも徳川家中に親族・知人が少ないので、公平な判断が期待できる。

四月の長久手の合戦で、清秀は正成とともに先鋒《せんぽう》・井伊直政《いいなおまさ》に副《そ》えられる。清秀は斥候に向かい、敵と遭遇。馬上で槍を合わせ、その敵を突き伏せて従者に首を取らせた。そして、斥候から戻ると「敵軍の半分は敗れ、もう半分はいまだ戦わぬまま、前後離散して収拾が付かない状況にある。時宜を移さず、攻めれば必ず勝利します」と報告。家康は「よし」と言って、速やかに軍を進めて勝利を収めた。

老骨に鞭打って

清秀は高齢で中途採用され、入社三年目で期待以上の働きをした。そのためか、六十歳を過ぎても元気ハツラツで戦地に赴き、「いや、高木サン、もう休んでて下さい」と追い返される場面が少なくなかった。

天正十八（一五九〇）年、清秀は小田原合戦に参陣し、家康の関東入国にともない武蔵《むさし》・上総《かずさ》・相模《さがみ》の内において五〇〇〇石を賜わった。

文禄《ぶんろく》元（一五九二）年、朝鮮出兵にともない、家康は名護屋《なごや》に出陣。清秀は六十七歳という高齢のため、供奉《ぐぶ》を免除されたが、家康が朝鮮に渡るか否かを確かめたくなり、あとを追って名護屋まで赴いた。その誠意は秀吉の耳にも達し、拝謁して羽織を下賜せられた。

文禄三（一五九四）年、六十九歳で致仕し、相模高座《こうざ》郡海老名村（神奈川県海老名市）に住し、性順と号した。

慶長《けいちょう》五（一六〇〇）年の関ヶ原の合戦では、七十五歳という高齢にもかかわらず、家康のあとを追って下野小山《おやま》（栃木県小山市）に赴いた。さらに宇都宮《うつのみや》の秀忠《ひでただ》に拝謁し、錦《にしき》の御羽織を下賜された。参陣を希望したが許されず、相模に帰国させられた。

慶長十四（一六〇九）年頃に病に倒れ、秀忠は土井利勝《どいとしかつ》を海老名村につかわして見舞わせ、薬を賜うて慰問したが、翌慶長十五年七月十三日、海老名村で歿《ぼっ》した。享年八十五。

第三節　渡辺半蔵守綱──家康の警備隊長「槍の半蔵」

渡辺守綱の人物概要

渡辺半蔵守綱《わたなべはんぞうもりつな》（一五四二〜一六二〇）は通称を半蔵、忠右衛門《ちゅうえもん》といい、家康と同い年で、弘治《こうじ》三（一五五七）年から家康に仕えた。

桶狭間《おけはざま》の合戦以降の三河《みかわ》統一の過程で武功を表し、「槍《やり》の半蔵」と呼ばれた。永禄六（一五六三）年の三河一向一揆では、一族とともに一揆方についたが、一揆の鎮圧後に赦《ゆる》された。

その後、懸川《かけがわ》城攻め、三方原《みかたがはら》の合戦、長篠《ながしの》の合戦などに参陣。関東入国で武蔵比企《むさしひき》郡に三〇〇〇石を賜り、足軽五〇人を預かった。また、関ヶ原の合戦では足軽一〇〇人を預けられて参陣。近江坂田《おうみさかた》郡内において一〇〇〇石を加増され、騎馬同心三〇人の給米として遠江榛原《とおとうみはいばら》郡内において六〇〇〇石を預けられる。

「渡辺守綱は家康護衛の警備隊長的な役割をはたしていた」（『徳川家康家臣団の事典』）。のみならず、膠着《こうちゃく》した戦線を打開するため、家康の命を受けて先陣に加勢したり、殿軍《しんがり》を任されたり、ここぞという時の切り札として活用された。持ち駒として最適だったから、側近くに置かれたという見方もできる。

慶長十八（一六一三）年七月、長男・渡辺重綱《しげつな》とともに、家康の九男・尾張徳川義直《よしなお》に附けられ、三河・尾張で一万四〇〇〇石を領した。渡辺家の嫡流は尾張藩家老を務めたが、庶子は旗本に取り立てられ、重綱の五男・渡辺吉綱《よしつな》の子孫は和泉伯太《いずみはかた》藩主となった。

家紋は渡辺家の代表紋である「三星一文字《みつぼし》」の他に「三本骨扇」「月に夕顔」がある。「徳川十六将図」では衣服に家紋を付けていることが多いが、渡辺守綱は「三星一文字」紋を付けられている。

第一部第一章で述べた通り、筆者は初期の「徳川十六将図」を作成したのは、渡辺守綱かその関係者だと考えている。そのためもあって、『寛政重修諸家譜』に記された守綱の戦歴には十六将に選ばれた人物（太字で表記）が多く登場している。

「槍の半蔵」の面目躍如

永禄三（一五六〇）年五月、桶狭間の合戦の前哨戦にあたる丸根《まるね》城攻めでは、弟の渡辺半《はん》十郎政綱《じゅうろうまさつな》、母方の祖父・渡辺八右衛門義綱《はちえもんよしつな》、父の従兄弟《いとこ》・渡辺平六直綱《へいろくなおつな》の三人が遊兵として参加しているが、なぜか守綱は参陣していない。

しかし、桶狭間の合戦後、家康が東三河を制圧する過程で八面六臂《ろっぴ》の活躍を見せた。

永禄四（一五六一）年八月の三河長沢《ながさわ》城攻めに参陣。今川家でも猛将として知られた小原《おはら》藤十郎《とうじゅうろう》の首を取り、賞賛された。

永禄五（一五六二）年九月、家康は**酒井忠次**《さかいただつぐ》・福釜松平三郎次郎親俊《ふがまままつだいらさぶろうじろうちかとし》らが一〇〇〇の兵を率いて、三河佐脇《さわき》（愛知県宝飯《ほい》郡御津《みと》町下佐脇）、八幡《やわた》の砦《とりで》を攻めた。

酒井忠次率いる先陣の部隊が総崩れになった際、軍を二手に分けて撤兵した。守綱は槍を手にして一人踏みとどまり、路次で足を負傷した矢田作十郎《やださくじゅうろう》を助けた。**米津藤蔵常春**《よねきづとうぞうつねはる》（後述するが、筆者は藤蔵＝勝政《かつまさ》だと考えている）が塚の陰に隠れて敵を待ち伏せしていたので、同じように守っていたが、「常春は老兵だ。壮年の自分が同じように待ち伏せしているようでは、勇者とはいえない」と考え直して進み出、敵将・山下八郎三郎《やましたはちろうさぶろう》と槍を合わせて討ち取った。

二手に分けた軍のうち、守綱が属した軍は死傷する者がなく、もう一方の軍は死傷者多数であった。これは守綱の武功によるものだと評価され、「これより世人、槍半蔵と称す」と絶賛された。

永禄六（一五六三）年の小坂井《こざかい》合戦に参陣。群を抜いて進もうとしたところ、敵兵が多いから暫《しばら》く避けよと**蜂屋《はちや》半之丞《はんのじょう》**に制されるのも聞かずに突進。案の定、堤上より横さまに突かれて疵《きず》を負うが、半之丞が敵を追いかけたので一命を取り留めた。

三河一向一揆の帰参組

同永禄六年に起こった三河一向一揆で、渡辺一族はみな一揆方につき、針崎《はりさき》（岡崎市針崎町）の勝鬘寺《しょうまんじ》に籠《こ》もった。

守綱の父・渡辺高綱《たかつな》が鵜殿十郎三郎《うどのじゅうろうさぶろう》（長祐《ながすけ》？）、川澄又助《かわすみまたすけ》と斬り合いをしている場に家康が救援に訪れ、高綱を槍で突いた。高綱が家康を槍で突き返すと、**内藤四郎左衛門正成《ないとうしろうざえもんまさなり》**は高綱の両股《もも》を射返す。負傷する高綱を守綱が肩に掛けて退いたが、高綱はその疵がもとで死去した。

一揆鎮圧後、守綱の叔父・渡辺八郎三郎秀綱《はちろうさぶろうひでつな》、又従兄弟の渡辺源蔵真綱《げんぞうさねつな》は赦されず、追放の身となったが、守綱・政綱《まさつな》兄弟は平岩七之助親吉《ひらいわしちのすけちかよし》の取りなしで帰参を赦された。守綱は父の遺領・一〇〇貫文を受け継ぎ、のちに三〇貫文を加増された。

ちょっと行って局面を変えてこい

その後、守綱は家康の旗本にあって、戦が膠着すると「ちょっと行って局面を変えてこい」というような役回りを担わされた。

永禄十二（一五六九）年三月の懸川城攻めでは、今川軍が数隻の船に乗り、徳川軍の後方を突こうとすると、大須賀康高《おおすがやすたか》・榊原康政《さかきばらやすまさ》・鳥居元忠《とりいもとただ》等が防戦を命じられ、「ときに守綱御旗本より其軍にくはえられ」（『寛政重修諸家譜』。傍点引用者）、槍を振るって船中の敵七人を倒した。つまり、守綱は家康の旗本（親衛隊）として働いていたようだ。

天正六（一五七八）年三月、駿河田中城攻めにて、敵味方の勢いが拮抗《きっこう》して戦線が膠着したので、家康は守綱・政綱兄弟を呼び寄せ、「先陣が戦っているが勝利が見えないので、汝《なんじ》等が兵をまとめて退却してこい」と命じた。守綱兄弟は先陣に加わって軍を一斉に前進させ、敵がひるんだ隙に撤兵した。

図2－12：浜松城略図

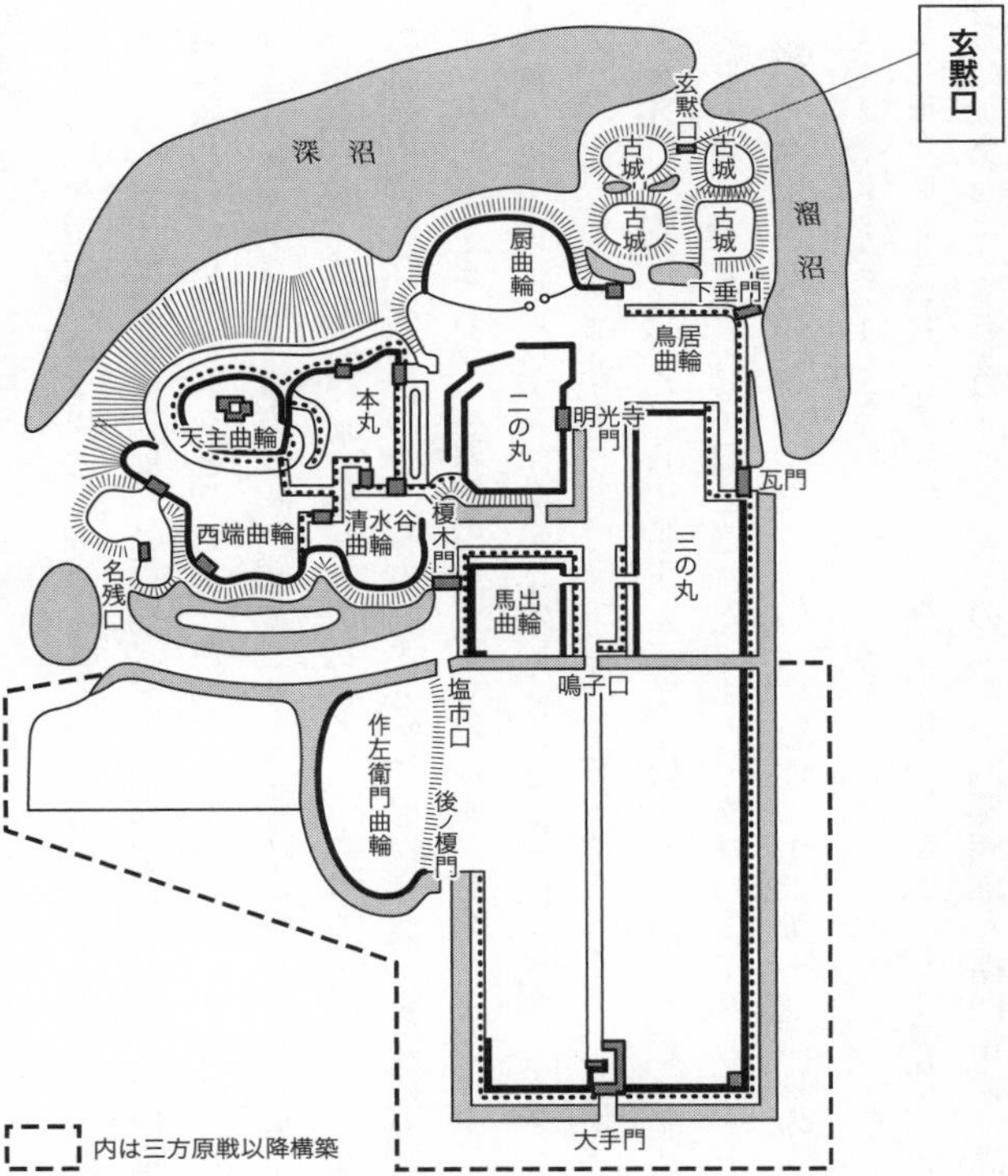

※高柳光寿『戦国戦記　三方原之戦』（春秋社　1958年刊）170頁より作成。

すぐれた戦局眼

家康から局面打開を指示されるほど、守綱の戦局眼には確かなものがあった。

永禄十二年一月の懸川城攻め（先述の三月の合戦とは別の戦い）では、今川軍が城に退却したため、守綱は城門をこじ開けようとしたが、敵は門を堅く守り、味方は入ることができなかった。そうこうするうちに、敵方は開門して反撃する戦法に転じたらしい。守綱はそれを察知し、**服部半蔵正成**《はっとり》、高見弥平次《やへいじ》（瀧見とも伝える）等とともに踏みとどまって待ち構えた。結局、敵兵は出て来なかったので、味方をまとめて引揚げた（『寛政重修諸家譜』）。

元亀《げんき》三（一五七二）年十二月、三方原の合戦で守綱は先鋒を承ったが、山林・野原に至るまで充満する武田《たけだ》の大軍に驚いた。**大久保忠世**《おおくぼただよ》・柴田康忠《しばたやすただ》が軍を率いてやって来たので、「真正面から戦うと敗れる可能性が高い、険阻《けんそ》の地で敵を待つべきだ」と諫言《かんげん》したが、両人は聞き入れず突進し、敗れ去った。石川数正《いしかわかずまさ》ら二騎が敗走し、敵兵に追い詰められるところを、守綱は声をかけ、力を合わせて難を逃れた。また、玄黙口にて味方六、七人と力戦し、迫り来る敵兵から浜松城の城門を守った。合戦後に遠江の敷知《ふち》郡・豊田《とよた》郡の内において一〇〇貫文を加増された［図2―12］。

天正十二（一五八四）年の長久手の戦いでは、旗本の足軽頭として参陣。先陣が敗走しているのを見て、加勢しようとしたところ、その途中で**内藤四郎左衛門正成**・**高木主水助清秀**《たかぎもんどのすけきよひで》

に遭う。守綱は「味方は敗走しているが、敵陣はそれを追うことに夢中で隊列が整っていない。今、貴殿らの兵でこれを襲えば、勝利は間違いない」と協力を求めた。両人の同意を得ると、守綱は先陣に加わって足軽に鉄砲を放たせ、「敵の本陣敗れたり」と大声で叫ぶと、敵軍は大いに動揺して撤退した。

戦いの後には**大久保治右衛門忠佐**《じえもんただすけ》とともに首実検を行った。

軍事的な側近、尾張徳川家へ

関東入国で二〇〇〇石を賜り、秀吉の死後、家康が伏見・大坂に在留している際は側近く仕え、黄西湖《こうせいこ》の茶壺《ちゃつぼ》を賜った。この後、手桶《ておけ》の形を染めた旗印を使うように命じられた。

慶長五（一六〇〇）年、大坂城西の丸で上杉景勝《うえすぎかげかつ》討伐を話し合った席上で、守綱は家康から年来の軍功を賞せられ、南蛮鎧《よろい》を賜った。また足軽五〇人を加えられ、都合一〇〇人を預けられた。同慶長五年九月、関ヶ原の合戦に旗本として参陣した。

翌慶長六年に近江坂田郡内において一〇〇〇石を加増され、これとは別に騎馬同心三〇人の給米として遠江榛原郡内において六〇〇〇石を預けられる（尾張着任時に返納）。

慶長十八（一六一三）年七月、守綱は長男・渡辺重綱とともに、家康の九男・尾張徳川義直に附けられた。尾張は上方の抑えとして重要な地で、一朝事あらば、先陣として軍を指揮するところであるが、義直はまだ幼年なので補佐せよと命じられた。義直の附家老・平岩親吉が慶長十六（一六一一）年末に死去しているので、その甥・重綱を尾張藩に送り込んだのかもしれない。

なお、尾張藩への派遣に際して三河加茂郡内において五〇〇〇石を加増され、義直から尾張五郡のうち五〇〇〇石を賜り、都合一万四〇〇〇石を領し、加茂郡寺部《てらべ》村（豊田市寺部町）に陣屋を置いた。

第四節　服部半蔵正成――伊賀者を預けられただけ？

服部半蔵の人物概要

服部半蔵正成《はっとりはんぞうまさなり》（一五四二～九六）は通称を半蔵（或いは半三）、石見守《いわみのかみ》といい、家康と同い年。伊賀者の頭領として有名である。

天正十（一五八二）年六月の「神君伊賀越え」で案内を務めたことは夙《つと》に有名であり、それを機に徳川《とくがわ》家臣に編入されたとの誤解があるかもしれないが、徳川（松平）家に仕えたのは父・服部半三保長《はんぞうやすなが》（正種《まさたね》ともいう）の時からだという。

半蔵は六男二女の兄弟の五男として生まれ、七歳（一五四八年）で大樹寺《だいじゅじ》に修行に出されたが、十歳（一五五一年）で寺から遁走《とんそう》。十六歳（一五五七年）の時、三河西郡宇土《みかわにしのこおりうど》城の夜討ちにて伊賀の忍びの者六、七〇人を率いて武功を上げたという。

懸川《かけがわ》城攻め、姉川《あねがわ》の合戦、高天神《たかてんじん》城攻め、三方原《みかたがはら》の合戦に参陣。

天正七（一五七九）年、家康の長男・信康《のぶやす》自刃の際には、天方山城守通興《あまがたやましろのかみみちおき》とともに介錯を務めた。

天正十年の本能寺の変の際、堺見物から付き従い、「神君伊賀越え」で案内を務め、家康の三河帰還に尽力した。

天正十二（一五八四）年の小牧・長久手の合戦では、蟹江《かにえ》城攻めに参陣。遠江《とおとうみ》国に八〇〇〇石を賜り、関東入国で与力三〇騎、伊賀同心二〇〇人を支配した。慶長元（一五九六）年十一月死去。享年五十五。

半蔵の子孫は幕臣として永らえることなく、子の代に改易され、子孫は久松《ひさまつ》松平家の家臣となった。

嫡男・**服部石見守正就《まさなり》**（一五七六?～一六一五）は慶長九（一六〇四）年に不行状により、義父・久松松平隠岐守定勝《おきのかみさだかつ》に預けられ、その罪を雪《そそ》がんがため、元和元（一六一五）年に大坂夏の陣で奮戦して討ち死にした（行方不明との説あり）。次男・**服部伊豆守正重《いずのかみまさしげ》**も慶長五（一六〇〇）年九月の関ヶ原の合戦で抜け駆けして家康の怒りを買い、結城秀康《ゆうきひでやす》（家康の次男）の取りなしで赦された。しかし、義父・大久保石見守長安《いわみのかみながやす》の改易での連座は免れるが、その後の立ち振る舞いに瑕疵《かし》があり改易された。

家紋は「八桁車《やげたくるま》の内竪矢筈《うちたてやはず》二」という変わった紋で、いわゆる源氏車の内に矢筈が二枚重なった家紋である。こんな複雑な紋ゆえ、「徳川十六将図」では却《かえ》って正しく描かれている場合が多い。

どんな働きをしたのか

服部半蔵は伊賀者の頭領として名高いが、徳川十六将の一人に数えられたのは、伊賀者の頭領としてではなく、渡辺半蔵守綱《わたなべはんぞうもりつな》の同僚としてである。では一体、武将としての服部半蔵はどのような働きをしたのだろうか。以下、『寛政重修諸家譜』から拾っていこう。

①十六歳（一五五七年）の時、三河西郡宇土城の夜討ちにて伊賀の忍びの者六、七〇人を率いて城内に忍び込み、武功を上げた。

②永禄十二（一五六九）年一月、遠江懸川城攻めの時、服部半蔵は渡辺半蔵守綱・本多作左衛門重次《ほんださくざえもんしげつぐ》・瀧見弥平次《たきみやへいじ》等とともに城の四方を囲んで接戦し、二十二日の夜、敵が城門を開いて突出する勢を示したので、踏みとどまって待ち構えたけれど、敵兵はついに出て来なかったので、味方をまとめて引揚げた。

③天正二（一五七四）年九月、武田《たけだ》勝頼《かつより》が遠江に大軍を率い、天龍《てんりゅう》川を挟んで対陣。大雨で川は溢《あふ》れかえり、容易に渡ることができなかった。半蔵は川の浅瀬を探して敵勢の出方をうかがっていたところ、武田側の板垣信安《いたがきのぶやす》の部下五騎が川を渡ろうとしたので、半蔵と村《むら》上弥《かみや》右衛《え》門勝重《もんかつしげ》等二十余人が馬で川に乗り入れ逆襲を図った。五騎の兵は中流から引き返した。

④天正十二（一五八四）年、小牧・長久手の合戦における蟹江城攻めで、榊原康政が東南、大須賀康高《おおすがやすたか》が北方、半蔵および長沢《ながさわ》の兵は東の丸を囲んだ。

正直、しょぼい話だと思うのは筆者だけだろうか。

ちなみに、『寛政重修諸家譜』の渡辺半蔵の項では懸川城攻めで服部半蔵が記載されているが、本多重次の項にはなし。村上勝重の項に天龍川の件は記載なし。榊原康政の項では蟹江城攻めに服部半蔵の記載はなかった（大須賀康高は無嗣廃絶のため、『寛政重修諸家譜』に掲載されていない）。つまり、他者から見ると、服部半蔵の武功は取るに足らないという認識だったのだ。

すぐれた伊賀者だったのか

服部半蔵は、ドラマやマンガでよくある昼行灯《あんどん》——昼間は冴《さ》えないサラリーマンだが、その実、敏腕の何とか――だったのかもしれない。伊賀者の働きは公式に記述できないという判断があってもおかしくはない。

ところが、十六歳の時の働きは「伊賀の忍びのもの六七十人を率ゐて城内に忍び入、戦功をはげます。これを賞されて御持槍（長七寸八分両鎬）を拝賜す」（『寛政重修諸家譜』）と非常に具体的だ。

服部半蔵が十六歳といえば、弘治三（一五五七）年になるのだが、『徳川家康と其周囲』では永禄五（一五六二）年の西郡上之郷《かみのごう》城攻めのことと記述している。

家康側の武将・松井《まつい》忠次《ただつぐ》（一般には松井松平康親《やすちか》）は早くから伊賀者・甲賀者を召し抱えていたという証言があり、忠次がその人脈を駆使して忍びの者を使ったという。

服部半蔵はその一人に過ぎなかったのかもしれない。ただし、家康から槍を拝領するくらい、その時の働きが抜群だったのだろう。しかし、その後の軍歴は、一般の三河武士と変わらない。たとえていうなら、社長（家康）に認められ、専門職（忍び）から総合職（一般の三河武士）に転職したのではないか。

そして、半蔵は元亀《げんき》三（一五七二）年に伊賀者一五〇人、天正十八（一五九〇）年の関東入国の頃、与力三〇騎、伊賀同心二〇〇人を預けられた。

ここで勘違いしやすいのは、服部半蔵が並外れた能力を持った忍びだったから、伊賀者を束ねていたという認識だ。

たとえばである。日本の企業が国際部門を立ち上げた場合、その部長に外国人を据えたりするだろうか。国際感覚の豊富な日本人を部長にする方が圧倒的に多いだろう。その部長の役割は、経営層や他部門の考えを咀嚼《そしゃく》して部下に指示することであって、部下の外国人の考えを集約して経営層に伝えることではないからだ。

つまり、服部半蔵は忍びの家の出身だったが、十代後半には一般の三河武士として働いていた。徳川家臣と同じ価値観で物事が語れるから、伊賀者を預けられたのではないか。

嫡男・服部正就が不行状で改易された遠因には、その預けられた伊賀者の不満があったからだという。伊賀者の言い分は、家康に臣下の礼を取ったが、服部半蔵家の家臣になった覚えはないというものだ。しかし、同様の事例はその時期にはそこかしこにあった。たとえば、本多《ほんだ》忠勝《ただかつ》家中の重臣は、元々家康の直臣だった者が永禄九（一五六六）年頃に忠勝の与力にされ、忠勝が大名となるに際してその家臣になった。

ではなぜ、本多忠勝家中では不満が出ずに、服部半蔵家中で不満が出るのだろうか。これは野球選手出身でないとプロ野球団の監督になれない論理（選手が監督に敬意を払わず、言うことを聞かない）と同じであろう。本多家中は忠勝の武人としての才能を評価していたが、伊賀者は服部半蔵の忍びとしての才能を評価していなかったのだ。

第五節　蜂屋半之丞貞次――命の恩人だから十六将に？

蜂屋半之丞の人物概要

蜂屋《はちや》半之丞貞次《はんのじょうさだつぐ》（一五三九～六四）は家康より三歳年上で、大久保《おおくぼ》忠世《ただよ》・忠佐《ただすけ》の義兄弟にあたる。

永禄三（一五六〇）年五月の丸根《まるね》城攻め、石ヶ瀬《いしがせ》合戦。翌永禄四年に再び石ヶ瀬合戦で武功を上げた。永禄六（一五六三）年三河一向一揆では一揆方につき、一揆鎮圧後に赦されたが、永禄七年五月の吉田城攻めで受けた鉄砲疵《きず》がもとで死去した。享年二十六。

半之丞の死後、一人娘が婿養子を迎えたが、関東入国に従わず三河で死去。孫の**蜂屋半之丞可正**《よしまさ》（一五八二～一六一八）が「文禄元年駿府にいたり、東照宮（家康）に仕へたてまつる。時に十一歳」という。可正は慶長七（一六〇二）年に武蔵川越《むさしかわごえ》に三二〇石を賜り、子孫は加増されて七二〇石を領した。

なお、蜂屋半之丞の諱《いみな》は一般に「貞次」とされるが、「親同（ちかとも、ちかあつ？）」とする異説がある。「徳川十六将図」では「貞治《さだはる》」「勇治」「真次《さねつぐ》」「直次《なおつぐ》」「貞世《さだよ》」と記したものがあるが、すべて誤記だと思われる。「半之丞」を「半之烝」とする誤記も多い。

家紋は「丸に桔梗《ききょう》」で、「徳川十六将図」では桔梗紋を付けられている。蜂屋半之丞を十六将の一人とすることに納得できない者がいたらしく、同じ桔梗紋を使用する植村家政《うえむらいえまさ》を蜂屋の代わりとする「徳川十六将図」もある。

槍の名手

蜂屋半之丞は背が高く、膂力《りょりょく》に勝《すぐ》れ、槍を得意とした。白樫《しらかし》の三間《さんげん》（おおよそ六メートル）柄の槍を真ん中が太くなるように特注して、長吉《ながよし》（山城の刀工）の刃の四寸ほどを研ぎ澄ました。紙を投げて、それを突くと、サッサッと通るほど槍先をはめ込み、錆《さび》付かないように日頃から手入れを施していた。

永禄三（一五六〇）年五月十八日、桶狭間の合戦の前哨戦《ぜんしょう》・家康の丸根城攻めに正兵として参陣。同五月二十三日に石ヶ瀬で藤井松平勘四郎信一《ふじいまつだいらかんしろうのぶかず》等とともに、水野信元《みずののぶもと》と戦い、翌永禄四年二月にも石ヶ瀬の合戦で武功を上げた。

永禄六（一五六三）年の小坂井《こざかい》合戦で、渡辺半蔵守綱《わたなべはんぞうもりつな》が群を抜いて進もうとするので、敵兵が多いから暫《しばら》く避けよと制止するが、半蔵は聞かずに突進。案の定、堤上より横さまに突かれて疵を負うが、半之丞が敵を追いかけたので一命を取り留めたという。つまり、渡辺半蔵の命の恩人だったから、十六将に選ばれたのだろう。

三河一向一揆で敵対

永禄六年に起きた三河一向一揆で、蜂屋半之丞は一揆方につき、針崎《はりさき》(岡崎市針崎町)の勝鬘寺《しょうまんじ》に籠《こ》もった。しかし、主君・家康に真正面からの敵対はできず、家康方の大久保一族には助け船を出すなど、一揆勢に徹しきれない弱さがあった。

大久保一族の拠点・上和田《かみわだ》村(岡崎市上和田町)は勝鬘寺の北に位置し、勝鬘寺と岡崎のやや中間に位置していた。そこで、大久保一族は岡崎城を守る意味からも、南下して勝鬘寺に立て籠もる一揆勢に攻撃を加えた。

一揆勢は攻撃を受けながら、大久保一族を挟撃する案を思いつく。すなわち、一揆勢を二手に分け、一方で大久保一族の攻撃を受けながら、もう一方は大久保一族の後方にあたる妙《みょう》国寺《こくじ》(岡崎市宮地《みやじ》町)に回り込み、挟み撃ちにしようと図ったのだ。半之丞は一揆勢でありながら、妻の実家・大久保一族が殲滅《せんめつ》されることを恐れて、妙国寺の方に一人馬で駆け廻り、「寺方は討ち出て、後方を遮断しようとしている」と大久保一族に伝えた。大久保一族は急ぎ上和田村に退却。九死に一生を得た。

勝鬘寺の一揆勢は上和田村の大久保一族を攻めたてたので、家康は兵を率いて救援に向かう。その勢いが強かったので、一揆勢はたまらず退散。家康方の水野藤十郎忠重《とうじゅうろうただしげ》がこれを追い、半之丞を見つけると、「半之丞か。絶対に逃れられぬ。引き返して相手をしろ」と叫んだ。半之丞はニコリと笑って立ち止まり、「藤十郎か。オレの相手はつとまるまい」と言って槍を携え、前屈《かが》みになって突き返した。思わず、藤十郎は脇に避《よ》ける。「そんなことだと思った。オレの相手はとてもできないだろう」と言い放った。

半之丞が「この半之丞の槍先に、誰が向かってこようか」と独り言をいって一揆勢に戻ろうとすると、家康が馬で追いかけ、「蜂屋め、戻れ」と叫んだ。半之丞は取って返したが、相手が家康だと知ると頭を伏せて槍を引き退却した。

家康方の松平金助《きんすけ》が駆けつけ「戻って相手をせよ」と声を掛けると、半之丞は「主君の威を畏《おそ》れてのことで、貴様なんぞは物の数にもならんわ」と槍を取って金助を突き、その首を取ろうとした。家康が再び馬で駆け寄せ、叱りつけると、半之丞は畏れ戦《おのの》いて退却した。「蜂屋は自分から逃げだすようなヤツではないが、私を見て逃げ出した」と、家康は上機嫌だった。

翌永禄七年二月に首謀者の一人・矢田作十郎《やださくじゅうろう》が討ち死にすると、一揆勢は勢いを失い、半之丞は義兄弟の大久保弥三郎忠政《やさぶろうただまさ》に謝罪し、講和を持ちかけた。一揆鎮圧後、家康は一揆勢に与《くみ》した家臣に厳しく、半之丞を赦そうとしなかったが、大久保党の惣領・忠俊《ただとし》が取りなして赦された。

とにかく一番槍!

永禄三年の石ヶ瀬の合戦で、水野家の侍に金の鯉の兜を着けた者がいた。矢田作十郎はこれを羨《うらや》んで、使いを送って所望したところ、作十郎の武勇は水野家にも聞こえていたから、その兜を譲り受けることができた。

よほど素晴らしい兜だったのだろう。今度は蜂屋半之丞が作十郎に頻《しき》りと譲渡をせがんだ。作十郎は「この兜に疵《きず》を付けるような下手なまねはするなよ」といって、その兜を半之丞に譲った。

永禄四年の石ヶ瀬の合戦で、半之丞はその兜を着けて戦場に臨んだが、石川数正に後《おく》れを取り、一番槍を取られてしまった。水野の兵はみな、半之丞を嘲笑《ちようしよう》した。半之丞はこのことを非常に悔いて、つねに一番槍を志すようになったという。

吉田城攻めで討ち死に

家康は一揆を鎮圧すると、国内の今川勢を一掃すべく三河統一に着手。永禄七年五月、吉田城攻めに半之丞は出立《しゆつたつ》が遅れ、本多《ほんだ》忠勝《ただかつ》に一番槍を取られてしまった。「半之丞が二番槍と言われても嬉《うれ》しくない。槍は要らない。あとは斬り合いをするだけよ」と槍を抛《なげう》って刀で敵を二人斬り倒し、さらに進んで敵方の河井正徳《かわいまさのり》を討とうとしたが、河井の撃った鉄砲をこめかみに受けて転倒。従者に抱えられて退却したが、その疵《きず》がもとで死去した（『寛政重修諸家譜』では、六名村《むつな》に戻り、翌六月二十六日に死去したと伝える）。

半之丞の討ち死にを聞いた母は「それで最期はどうだった？」と問い、「ご立派な最期でした」と伝えられると、「それを聞いて安心した。もし、半之丞が無様な最期を遂げたなら、長生きしていても悔いが残るが、立派な最期だったと聞いて嬉しい。侍であれば討ち死にすることは務めであるから、驚くようなことではない」と毅然《きぜん》と言い放った。

これを聞いた人々は「女には珍しい。さすがは半之丞の母だ」と語り合ったという。

第六節　米津藤蔵入道浄心――実は架空の人物だった？

米津浄心入道の人物概要

米津藤蔵《よねきづとうぞう》入道浄心《じょうしん》は俗名を**米津藤蔵常春《つねはる》**（一五二四～一六一二）といい、家康より十八歳年上で、十六将では最年長。後述するが、筆者は浄心＝常春ではなく、その父・**米津左馬助《さまのすけ》勝政《かつまさ》**（一四八七～一五六九）のことだと考えており、仮に勝政だとすると、家康より五十五歳年長になる。

『寛政重修諸家譜』には、常春の事跡として以下の四つが掲載されている。

①天文十八（一五四九）年十一月、今川軍による安城《あんじょう》城攻めに参陣。竹谷松平玄蕃允《たけのやまつだいらげんばのじょう》清吉（清善《きよよし》の誤り）、深溝《ふこうず》松平主殿助伊忠《とのものすけこれただ》、藤井《ふじい》松平勘四郎信一《かんしろうのぶかず》等と同じく馬から下りて槍を取って奮戦した。

②永禄三（一五六〇）年五月の桶狭間《おけはざま》の合戦で、前哨戦にあたる家康の丸根城攻めにて、形《かたの》原《はら》松平又七郎家広《またしちろういえひろ》、同七郎、同弥左衛門《やざえもん》等と家康の護衛として参陣した。

③永禄五（一五六二）年三月（『寛政重修諸家譜』の常春の項では永禄七年七月と記述されているが誤記であろう）、三河赤坂《あかさか》の合戦で、常春は渡辺半蔵守綱《もりつな》とともに槍を取って力戦し、首級をあげた。

④永禄六（一五六三）年の三河一向一揆で家康方についた。

永禄六年の記事の後、慶長十七年十一月に死去するまで、戦歴などが一切記述されていない。八十九歳まで存命して、四十歳の記事が最後というのは不自然である。通常記されるはずの天正十八（一五九〇）年の関東入国での采地《さいち》も触れられていない。

「徳川十六将図」では「米津藤蔵入道浄心」もしくは「米津入道浄心」と記されているが、日光《にっこう》東照宮蔵の「徳川二十将図」では「米津藤蔵勝政」と記されている。

家紋は「十一枚椶櫚《しゅろ》葉《のは》」「五星」で、「徳川十六将図」でも椶櫚（棕櫚《しゅろ》）紋を付けられているが、なぜか「丸に剣酢漿草《けんかたばみ》」の紋を付けた図も存在する。徳川家臣団でその家紋を使っているのは酒井政家《まさいえ》（一般には正親《まさちか》）くらいなので、米津の代わりに政家を推す者がいたのかもしれない。

常春は実在したのか

浄心の近親の多くが諱に「政」の字を使っているのに対し、一人、浄心のみ「常春」と名乗っているところに違和感がある。常春の音読みは「ジョウシュン」であり、法名・浄心「ジョウシン」から作った偽名ではなかろうか。

『藩翰譜《はんかんふ》』では「古き三河物語といふ者に、米津藤蔵、同小大夫と見えたり、此の二人、或いは叔姪、或いは兄弟の間なりしや、詳しかなる事を知らず。彼の藤蔵、年老いて入道の後、浄真（浄心）と名づく」と記している。つまり、米津藤蔵・小大夫の二人の存在は確認できるが、その関係は不詳だというのだ。

実は何本か米津家系図が伝わっているが、常春が存在していない系図もある。

『寛政重修諸家譜』では、米津家の系図を浄心の父・勝政から始めている。ただし、**米津左馬助勝政**について「清康《きよやす》君、広忠《ひろただ》卿、東照宮（家康）に歴仕し、所々の御陣にしたがひ《い》てまつり、永禄十二年正月二十三日三河国にをい《お》て死す。年八十三。法名・浄仏（今の呈譜浄仙)」(『寛政重修諸家譜』)としか記されておらず、勝政の子に浄心、およびその弟に**米津小大夫政信**《こだいふまさのぶ》を掲げている[図2―13]。

これに対し、『参河志』《みかわし》では勝政を藤蔵・浄心として、その子に小大夫政信を掲げ、常春の存在を記していない。『断家譜』では常春の子に米津清右衛門春茂《せいえもんはるしげ》を掲げているが、『参河志』では、米津清右衛門を勝政の子としている。勝政=浄心ということなのだろう。

実は父・勝政

ここで、『寛政重修諸家譜』の渡辺半蔵守綱の項に興味深い記述がある。

「(永禄)五年九月(中略)米津藤蔵常春御旗を見るよりとゞまりて塚のかげにかくれ居、敵の来るをまつ。守綱もおなじくかしこにありしが、おもへらく、常春は老兵たり。我壮年にしてこゝに居るは勇なきに似たりとて(下略)」。常春は永禄五年時点で「老兵」だったというのだ。

『寛政重修諸家譜』に常春の生没年は記されていないが、「米津家系図には、享年八十九歳、法名浄心とあるから逆算すれば大永四年生まれとなる」(『家康の臣僚 武将篇』)。大永《だいえい》四年は一五二四年、永禄五(一五六二)年で満三十八歳だ。とても「老兵」とは言えない(ちなみに弟・政信は三十一歳だ)。一方、勝政は満七十五歳、立派な老兵だ。

図２－13：米津家系図①

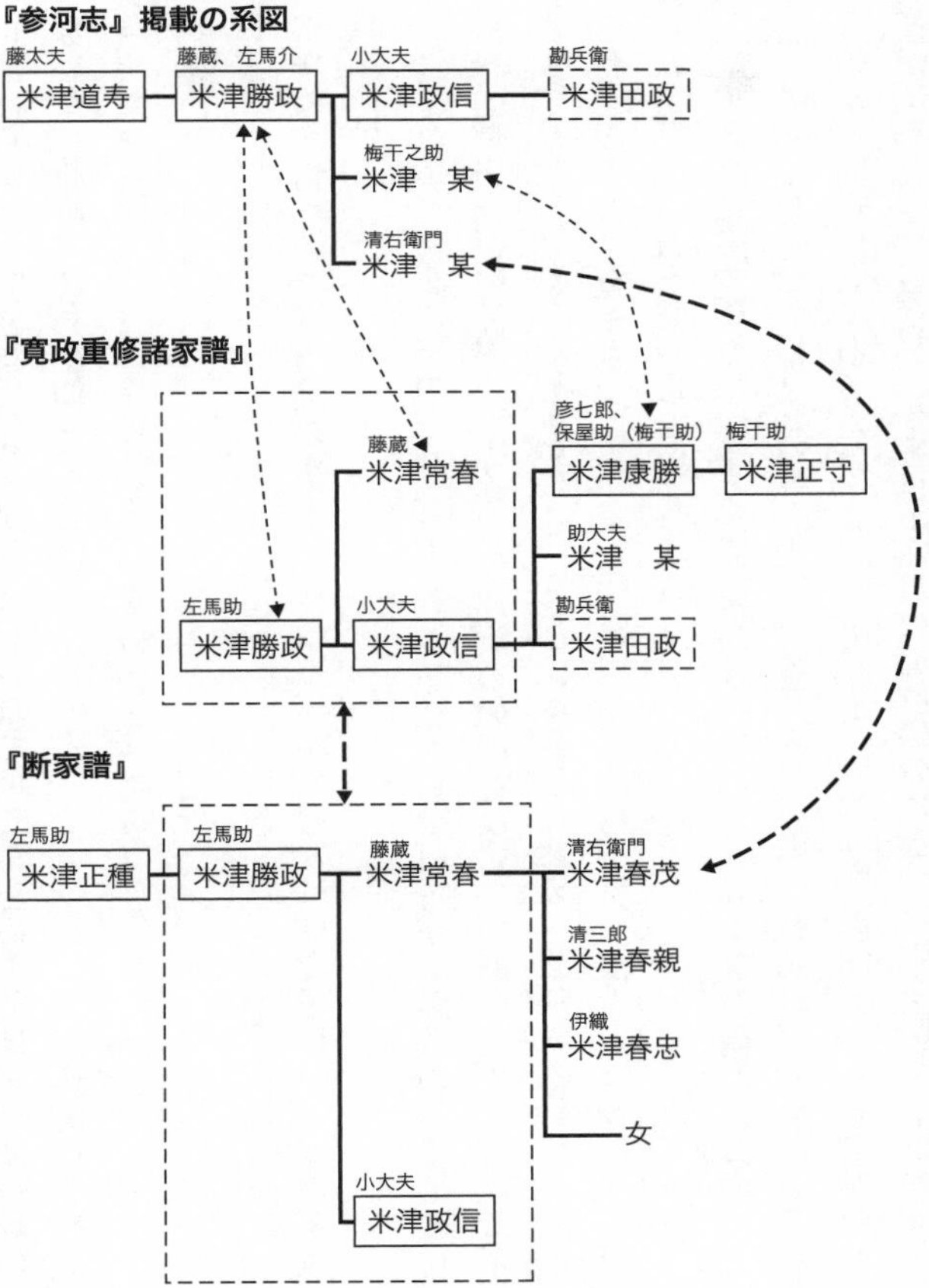
『参河志』掲載の系図
藤太夫
米津道寿
藤蔵、左馬介
米津勝政
小大夫
米津政信
勘兵衛
米津田政
梅干之助
米津　某
清右衛門
米津　某
『寛政重修諸家譜』
藤蔵
米津常春
彦七郎、
保屋助（梅干助）
米津康勝
梅干助
米津正守
助大夫
米津　某
左馬助
米津勝政
小大夫
米津政信
勘兵衛
米津田政
『断家譜』
左馬助
米津正種
左馬助
米津勝政
藤蔵
米津常春
清右衛門
米津春茂
清三郎
米津春親
伊織
米津春忠
女
小大夫
米津政信

浄心の正体は勝政で、『寛政重修諸家譜』に記されている常春の事跡はすべて勝政のものなのではないか。勝政の法名浄仙「ジョウセン」が浄心「ジョウシン」に訛化《がか》し、そこから常春「ジョウシュン」という架空の人物が生まれたのだろう。

常春の妻子

常春は架空の人物なので、当然の如く、『寛政重修諸家譜』には妻子についての記載が一切ない［図2―14］。

『断家譜』によれば、常春に三男一女の子どもが記載されているが、勝政の子である可能性が高い。常春の長男（実際は勝政の子?）、**米津清右衛門春茂**には、旧姓を井上とする**米津才《さい》兵衛某《べえなにがし》**（?～一六六六）という養子がいる。才兵衛は秀忠《ひでただ》に仕え、駿河《するが》大納言《だいなごん》忠長《ただなが》附きとなり、三〇〇石を賜った。寛永九（一六三二）年に忠長が改易され、浪人となったが、のちに召し抱えられ、三〇〇石を賜ったという。

実は『寛政重修諸家譜』にも米津才兵衛が掲載されている。井上甚《じん》右《え》衛門《もん》貞重《さだしげ》の子・**米津才兵衛重勝《しげかつ》**（?～一六六六）が外戚《がいせき》の姓・米津を名乗り、秀忠・家光《いえみつ》に仕えて三〇〇石を賜ったというのだ。同姓同名であるだけでなく、没年も同じ。源《げん》右《え》衛門《もん》という養子がおり、曾《ひ》孫《まご》の才兵衛が延享三（一七四六）年十月十六日に追放処分になったのも同じである。

つまり、『断家譜』が春茂の養子としている米津才兵衛某は、『寛政重修諸家譜』の米津才兵衛重勝と同一人物なのだ。米津浄心が徳川十六将の一人なので、その末裔《まつえい》を僭称《せんしょう》したのだろう。

勝政の子孫は大名に

『寛政重修諸家譜』で常春の弟とされている勝政の子・**米津小大夫政信**（一五三二～七二）は、永禄六年の三河牛窪《うしくぼ》・吉田の合戦で一番槍をあげ、三河一向一揆では家康方についた。永禄十二（一五六九）年の遠江堀川砦《とおとうみほりかわとりで》で家康が一揆勢の蜂起《ほうき》に遭遇。供の者が政信を含め十七騎しかいない状況で、敵陣を突破した。その後、御旗奉行に任ぜられる。

元亀三（一五七二）年に病に臥《ふ》す。同年十二月、三方原の合戦の前日、家康は政信の長男・三十郎《さんじゅうろう》を呼び寄せ、父の代わりに出陣せよと具足を渡した。三十郎がそれを政信に報告すると、政信は「その具足はお前が着る物として賜ったのではない。明日は大事な合戦だから、私に出陣せよとの仰せなのだ」と答えて出陣した。

合戦の当日、御前にまみえると、家康から「汝《なんじ》、出陣する上は、近侍する者どもを指揮して尽力せよ」と指示され、討ち死にを遂げた。享年四十二。

政信には五男三女があり、長男・米津三十郎某は岡崎信康《おかざきのぶやす》に仕えて築山《つきやま》事件の後、浪人し

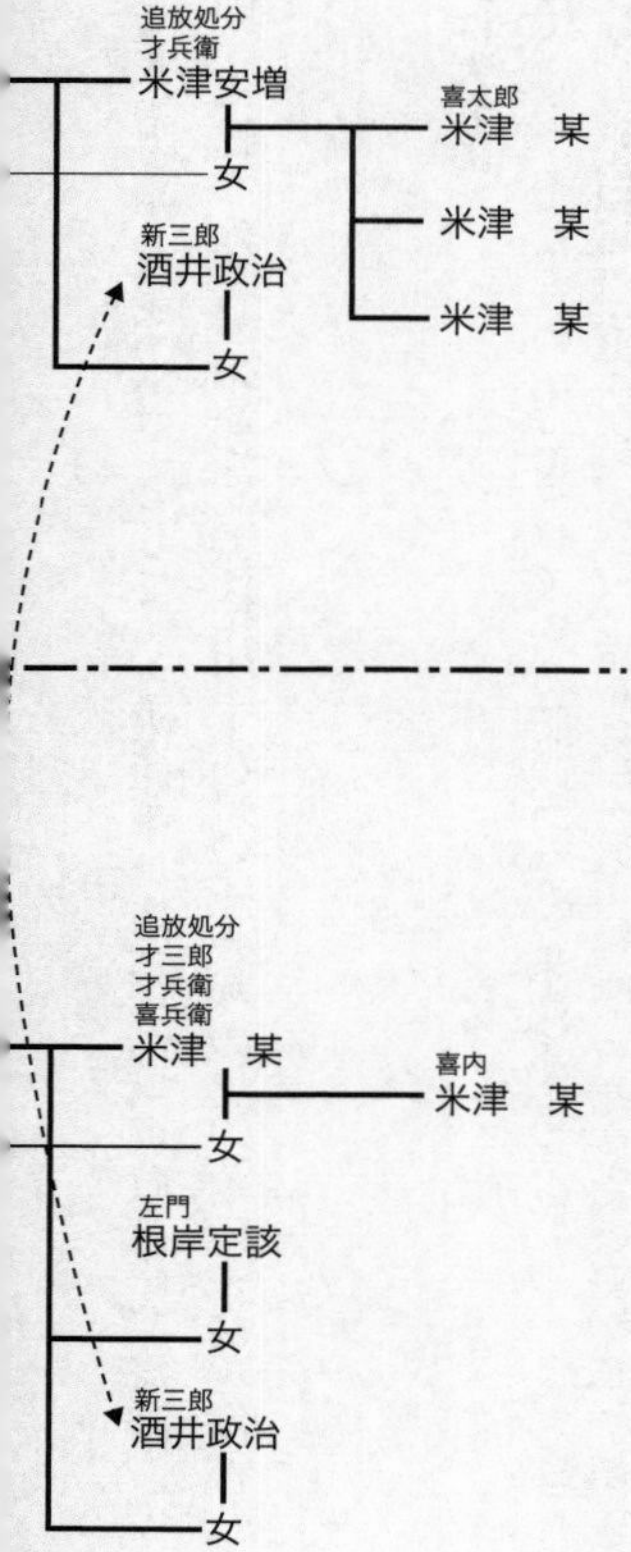
追放処分
才兵衛
米津安増
女
喜太郎
米津　某
米津　某
米津　某
新三郎
酒井政治
女
追放処分
才三郎
才兵衛
喜兵衛
米津　某
女
喜内
米津　某
左門
根岸定該
女
新三郎
酒井政治
女

図2－14：米津家系図②

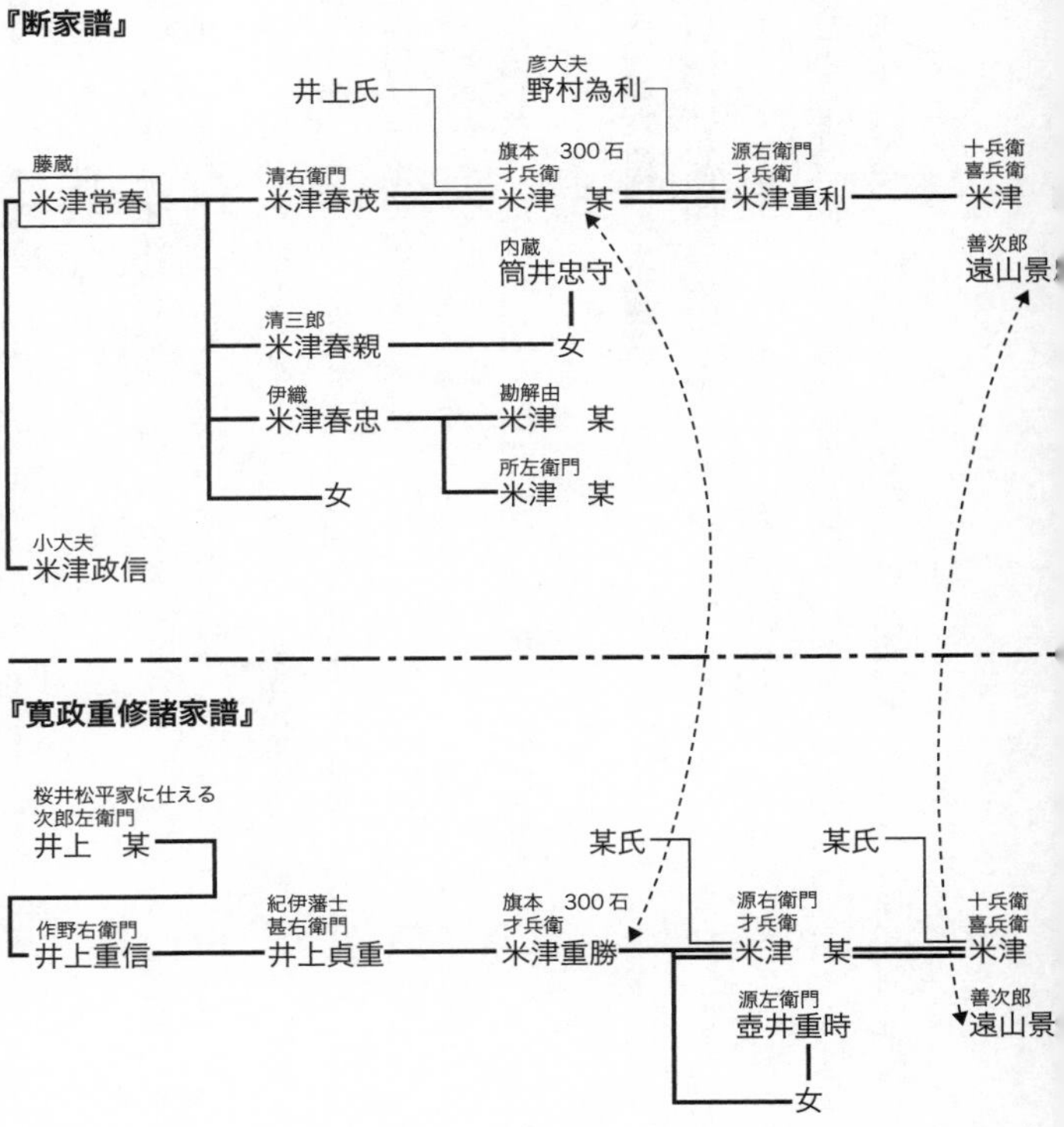
『断家譜』
井上氏
彦大夫
野村為利
藤蔵
米津常春
清右衛門
米津春茂
旗本　300石
才兵衛
米津　某
源右衛門
才兵衛
米津重利
十兵衛
喜兵衛
米津
内蔵
筒井忠守
善次郎
清三郎
米津春親
女
伊織
米津春忠
勘解由
米津　某
所左衛門
米津　某
女
小大夫
米津政信
『寛政重修諸家譜』
桜井松平家に仕える
次郎左衛門
井上　某
作野右衛門
井上重信
紀伊藩士
甚右衛門
井上貞重
旗本　300石
才兵衛
米津重勝
某氏
源右衛門
才兵衛
米津　某
源左衛門
壺井重時
女
某氏
十兵衛
喜兵衛
米津
善次郎
遠山景

て実弟の領地で隠棲《いんせい》。次男・米津梅干助康勝《ほやのすけやすかつ》（一五五二〜一六二六）が家督を継ぎ、子孫は一〇七〇石の旗本に列した。

政信の四男・**米津勘兵衛田政《かんべえたまさ》**（一五六三〜一六二四）は小田原合戦、関ヶ原の合戦に参陣。慶長九（一六〇四）年から寛永元（一六二四）年まで、二十年にわたって江戸町奉行を務めた能吏で、五〇〇〇石を領した。その子・**米津出羽守田盛《でわのかみたもり》**（一六一六〜八四）は御小姓番頭、御書院番頭、大番頭を歴任し、大坂城の定番を務めて一万五〇〇〇石に加増され、子孫は出羽長瀞《でわながとろ》藩の大名に列した。

第七節　鳥居四郎左衛門忠広——年上なのに弟？

鳥居四郎左衛門の人物概要

鳥居四郎左衛門忠広《とりいしろうざえもんただひろ》（？〜一五七二）は元忠の弟と伝えられ、十六将図では「直忠《なおただ》」と記されていることが多い（本書では『寛政重修諸家譜』の記述に従い忠広とする）。

鳥居四郎左衛門は、内藤四郎左衛門正成《まさなり》とともに「両四郎左」と呼ばれる勇将であったが、第一部第一章で述べた通り、『寛政重修諸家譜』には三方原で討ち死にしたことくらいしか記されていない。しかし、諸書から左記の事跡が確認できる。

・永禄三（一五六〇）年五月、丸根城攻めで遊兵として参陣。
・同永禄三年五月、石ケ瀬《いしがせ》の合戦に参陣。
・永禄六（一五六三）年、三河一向一揆で一揆方について上野城に立て籠もり、追放の身となったが、後日、復帰を許された。

『寛政重修諸家譜』は「忠広が事跡諸書にて著し、よりて家にたづぬるに伝へずといふ。今大久保安芸守忠真《あきのかみただざね》がさゝぐるところの家臣系図によりてこれを補す」と追記している。なぜ、大久保家が情報を持っていたかといえば、忠広の子孫が「大久保加賀守忠職《かがのかみただもと》（忠世の曾孫《ひまご》）の《の》家臣となる」からである。

つまり、鳥居家の系図には元忠の弟に四郎左衛門という人物はいなかったのに、大久保家が家臣の系図を申告してきたため、弟として追記したということだ。

では、本当に四郎左衛門が元忠の弟かといえば、筆者は違うと考えている。

鳥居四郎左衛門は内藤四郎左衛門と「両四郎左」と呼ばれていたので、おそらく同年代だと思われる。一方、正成（一五二七年生まれ）は元忠（一五三九年生まれ）より一廻《まわ》り年長なので、元忠の弟であれば、十五歳近く年が離れていることになる。四郎左衛門は元忠の弟ではないと考えられる。

おそらく、四郎左衛門は鳥居一族ではあったが、誰の子どもか不詳だったのだろう。ところが、四郎左衛門の子孫が「元忠の弟でした」と僭称《せんしょう》したので、大久保家の手前もあって、元忠の弟として系図を繋《つな》げてしまったのだ。

三方原で討ち死に

元亀三（一五七二）年十二月、三方原（浜松市北区三方原町）で合戦に及ばんとする際、家康は鳥居四郎左衛門を物見に遣わした。

四郎左衛門は「みんな、いざ合戦と勇んではいるだろうが、合戦すべきではない。より具体的・詳細に申せば、武田軍はことのほか大軍で何列にも構えているのに対し、我が軍は山際に一列に並んでいるが如くである。彼我の差は圧倒的で、なかなか危うい状況だ。早く先手の軍勢に使いを寄越して、軍を引き上げさせるべきである。合戦すべきでない。もし合戦をするのであれば、我が軍も幾重に構えて、祝田《ほうだ》（浜松市北区細江《ほそえ》町）辺りに敵軍が進軍した時に背後を突くべきだ。そうしなければ負けるだろう」と報告した。

家康はその報告を聞いて不機嫌になり、「四郎左衛門は役に立つ者だと思って日頃から引き立てておいたのに、それほど臆病《おくびょう》では大事の時に何の役にも立たないではないか。武田軍が大軍だから腰が抜けたのだろう」と腹を立て、「目の前の敵をおめおめと通しては口惜しい」と口にした。

四郎左衛門は「客観的に勝負を見極めて申し上げているのだ。これで負ければ、大将の責任だ。勝負の見極めすら出来ない者こそ臆病者だ」と立腹。

四郎左衛門は成瀬藤蔵正義《なるせとうぞうまさよし》とともに家康の側近く仕えていたが、三方原の合戦の前に両者は口論に及んだ。そのこともあって、合戦の最中に互いの状況を周囲に尋ね、武功を競った。四郎左衛門は武田の部将・土屋右衛門直村《つちやうえもんなおむら》の軍を破り、直村の甲冑を砕いて落馬させたが、敵兵に襲われて討ち死にした。

鳥居四郎左衛門と成瀬正義の両人とも討ち死にを遂げてしまったので、渡辺半蔵守綱《わたなべはんぞうもりつな》が物見に出て、「これは大変だ。先手を呼び返した方がいい」と報告した。しかしながら、家康とその周囲がみんな前のめりになって、合戦を決めたのである。

第八節　大久保治右衛門忠佐——弟に裏切られる

大久保忠佐の人物概要

大久保治右衛門忠佐《おおくぼじえもんただすけ》（一五三七～一六一三）は大久保忠世《ただよ》の実弟で、通称を弥八郎《やはちろう》、治右衛門といい、家康より五歳年長。

兄・忠世とともに数多くの合戦に参陣。弘治元（一五五五）年の尾張蟹江《かにえ》城攻めで「蟹江七本槍」の一人と謳われ、翌弘治二年に織田家臣・柴田《しばた》勝家《かついえ》が三河福谷《うきがい》(愛知県みよし市福谷町)の砦を攻めた時、防戦に功があった。永禄三(一五六〇)年の石ケ瀬《いしがせ》合戦でも武功を上げ、永禄六(一五六三)年の三河一向一揆では一族で家康方につき、一揆勢と対峙した。

この他、元亀元(一五七〇)年の姉川の合戦、元亀三(一五七二)年の三方原の合戦でも獅子奮迅の働きを見せ、天正三(一五七五)年の長篠《ながしの》の合戦では信長から「髭《ひげ》多き武者は誰なるや」と問われるほどの活躍を示した。天正十二(一五八四)年の小牧・長久手の合戦では、渡辺半蔵守綱とともに諸士の働きを検分する役目についた。

天正十八(一五九〇)年の関東入国で上総茂原《かずさもばら》に五〇〇〇石を賜り、関ケ原の合戦では甥《おい》・大久保忠隣《ただちか》等とともに秀忠に従い、慶長六(一六〇一)年に駿河沼津藩二万石に転封された。

家紋は忠世と同じ「上藤《あがりふじ》の内古文字《うちこもじ》の大文字」である。

弟を養子に望み、断られる

忠佐の嫡男・大久保因幡守忠兼《いなばのかみただかね》(一五五九～一六一三)が父に先んじて死去したため、忠佐は弟の大久保彦左衛門忠教《ひこざえもんただたか》(一五六〇～一六三九)を養子に迎えようとするが、「他人の武功で得た知行を受け取る気はない」と断られ、無嗣廃絶となった。

なお、その忠教は元和八（一六二二）年頃から著書『三河物語』を書き始め、大久保一族の武勲を誇る一方、現在の不遇を嘆き、官吏化する旗本・御家人の姿を子孫への訓戒として痛烈に批判した。講談では「天下のご意見番」と呼ばれた。

参考文献

【書籍】
煎本増夫『戦国時代の徳川氏』新人物往来社 一九九八年
煎本増夫『徳川家康家臣団の事典』東京堂出版 二〇一五年
奥出賢治「家康・東照宮と徳川十六将図」『特別展　家康と東照宮』名古屋城美術展開催委員会編 一九九二年
奥出賢治「家康と徳川十六将図の謎を追う」『歴史読本』一九九五年十一月号 一九九五年
奥出賢治「徳川十六将図再考」『名古屋市博物館研究紀要』第二五巻 二〇〇二年
奥出賢治「『徳川十六将図』の大研究」『歴史読本』二〇〇七年三月号 二〇〇七年
笠谷和比古『関ヶ原の合戦と大坂の陣』吉川弘文館 二〇〇七年
菊地浩之『徳川家臣団の謎』ＫＡＤＯＫＡＷＡ 二〇一六年
菊地浩之『徳川家臣団の系図』ＫＡＤＯＫＡＷＡ 二〇二〇年
北島正元『江戸幕府の権力構造』岩波書店 一九六四年
黒田基樹『羽柴を名乗った人々』ＫＡＤＯＫＡＷＡ 二〇一六年
柴　裕之『徳川家康――境界の領主から天下人へ』平凡社 二〇一七年
新行紀一『一向一揆の基礎構造――三河一揆と松平氏』吉川弘文館 一九七五年

須藤茂樹「『戦国集合武将図』の世界」『歴史読本』一九九五年十一月号 一九九五年
高柳光寿『戦国戦記 三方原之戦』春秋社 一九五八年
徳永真一郎『家康・十六武将』PHP研究所 一九八七年
中村孝也『徳川家康文書の研究（上巻）』日本学術振興会 一九五八年
中村孝也『家康の臣僚 武将篇』碩文社 一九九七年（一九六八年の再版）
野田浩子『井伊直政――家康筆頭家臣への軌跡』戎光祥出版 二〇一七年
平野明夫『三河 松平一族』新人物往来社 二〇〇二年
平野明夫『徳川権力の形成と発展』岩田書院 二〇〇六年
福島正義「徳川家康の関東転封をめぐる諸問題」『白鷗大学論集』一〇巻二号 一九九六年
福田千鶴『徳川秀忠――江《ごう》が支えた二代目将軍』新人物往来社 二〇一一年
本多隆成『定本 徳川家康』吉川弘文館 二〇一〇年
本多隆成『徳川家康と武田氏――信玄・勝頼との十四年戦争』吉川弘文館 二〇一九年
守屋正彦「徳川十六将図並びに徳川二十将図について」『近世武家肖像画の研究』勉誠出版 二〇〇二年
渡邊大門編『家康伝説の嘘』柏書房 二〇一五年

【県史、市町村史など】
柴田顕正編『岡崎市史別巻 徳川家康と其周囲（上・中・下）』岡崎市役所 一九三四～一九三五年

新編岡崎市史編集委員会編『新編　岡崎市史6　史料　古代中世』一九八三年
新編岡崎市史編集委員会編『新編　岡崎市史2　中世』一九八九年
安城市史編集委員会編『新編　安城市史Ⅰ　通史編　原始・古代・中世』二〇〇七年

【その他史料など】
続群書類従完成会編『新訂　寛政重修諸家譜』続群書類従完成会一九六四年
続群書類従完成会編『断家譜』続群書類従完成会一九六八年
続群書類従完成会編『徳川諸家系譜』続群書類従完成会一九七〇年
続群書類従完成会編『寛永諸家系図伝』続群書類従完成会一九八〇年
続群書類従完成会編『当代記　駿府記』続群書類従完成会一九九五年
塙保己一編纂『群書系図部集』続群書類従完成会一九八五年
新井白石著『新編　藩翰譜』新人物往来社一九六七年
名古屋市教育委員会編『校訂復刻　名古屋叢書続編　第十七～二十巻　士林泝洄（1～4）』愛知県郷土資料刊行会一九八三～一九八四年
名古屋市蓬左文庫編『名古屋叢書三編　第四巻　士林泝洄続編』名古屋市教育委員会一九八四年
『日本歴史地名大系二三巻　愛知県の地名』平凡社一九八一年
大久保彦左衛門原著、小林賢章訳『原本現代訳一一・一二　三河物語（上・下）』教育社一九八〇年

久曽神昇編「松平記」『三河文献集成　中世編』愛知県宝飯地方史編纂委員会　一九六六年
久曽神昇編「浪合記」『三河文献集成　中世編』愛知県宝飯地方史編纂委員会　一九六六年
久曽神昇編「三河海東記」『三河文献集成　中世編』愛知県宝飯地方史編纂委員会　一九六六年
渡辺政香著『参河志（上・下）』歴史図書社　一九六九年
児玉幸多編『御当家紀年録』集英社　一九九八年
愛知県図書館蔵「諸士出生記」『三州諸士出生録』所収

菊地浩之（きくち・ひろゆき）
1963年北海道生まれ。國學院大學経済学部を卒業後、ソフトウェア会社に入社。勤務の傍ら、論文・著作を発表。専門は企業集団、企業系列の研究。2005-06年、明治学院大学経済学部非常勤講師を兼務。06年、國學院大學博士（経済学）号を取得。著書に『企業集団の形成と解体』（日本経済評論社）、『日本の地方財閥30家』『日本の長者番付』（平凡社）、『図解　損害保険システムの基礎知識』（保険毎日新聞社）、『図ですぐわかる！ 日本100大企業の系譜』『図ですぐわかる！ 日本100大企業の系譜２』（KADOKAWA）、『徳川家臣団の謎』『織田家臣団の謎』（角川選書）、『最新版　日本の15大財閥』『織田家臣団の系図』『豊臣家臣団の系図』『徳川家臣団の系図』（角川新書）、『三菱グループの研究』『三井グループの研究』『住友グループの研究』（洋泉社）など多数。

徳川《とくがわ》十六将《じゅうろくしょう》
伝説《でんせつ》と実態《じったい》

菊地浩之《きくちひろゆき》

2022 年 12 月 10 日　初版発行

発行者　山下直久
発　行　株式会社KADOKAWA
〒102-8177　東京都千代田区富士見 2-13-3
電話　0570-002-301（ナビダイヤル）
装 丁 者　緒方修一（ラーフイン・ワークショップ）
ロゴデザイン　good design company
オビデザイン　Zapp!　白金正之
印 刷 所　株式会社暁印刷
製 本 所　本間製本株式会社

角川新書
© Hiroyuki Kikuchi 2022 Printed in Japan
ISBN978-4-04-082454-3 C0221

※本書の無断複製（コピー、スキャン、デジタル化等）並びに無断複製物の譲渡および配信は、著作権法上での例外を除き禁じられています。また、本書を代行業者等の第三者に依頼して複製する行為は、たとえ個人や家庭内での利用であっても一切認められておりません。
※定価はカバーに表示してあります。

●お問い合わせ
https://www.kadokawa.co.jp/（「お問い合わせ」へお進みください）
※内容によっては、お答えできない場合があります。
※サポートは日本国内のみとさせていただきます。
※Japanese text only

KADOKAWAの新書 好評既刊

バカにつける薬はない
池田清彦

科学的事実を歪曲した地球温暖化の人為的影響や健康診断、きれいごとばかりのSDGsや教育改革――自称「過激リバタリアン」の人気生物学者が、騙され続ける日本（人）に老い先短い気楽さで物申す、深くてためになる秀逸なエッセイ。

日本の思想家入門
「揺れる世界」を哲学するための羅針盤
小川仁志

混迷の時代に何を指針とするか。パンデミック時代の救世主・親鸞から、不安を可能性に変えた西田幾多郎、市民社会の父・丸山眞男まで――偉人達の言葉が羅針盤になる。いま知るべき日本の思想を、現代の重要課題別に俯瞰する決定版。

ドゥテルテ
強権大統領はいかに国を変えたか
石山永一郎

「抵抗する者はその場で殺せ」。麻薬撲滅戦争で6000人以上殺す一方で、治安改善・汚職解消・経済発展を成し遂げ、国民の78％が満足と回答。なぜ強権的指導者が歓迎されるのか？　現地に在住した記者が綴る、フィリピンの実像。

海軍戦争検討会議記録
太平洋戦争開戦の経緯
新名丈夫 編

敗戦間もない1945年12月から翌年1月にかけて、生き残った日本海軍最高首脳者による、極秘の戦争検討会議が行われていた。東條を批判した「竹槍事件」の記者が30年以上秘蔵した後に公開した一級資料、復刊！　解説・戸高一成

揺れる大地を賢く生きる
京大地球科学教授の最終講義
鎌田浩毅

2011年の東日本大震災以降、日本列島は火山噴火や大地震がいつ起きてもおかしくない未曾有の変動期に入った。この荒ぶる大地で生き延びるために、私たちが心得ておくこととは。学生たちに人気を博した教授による、白熱の最終講義。

KADOKAWAの新書 好評既刊

殉死の構造
山本博文
殉死は「強制」や「同調圧力」ではなく、武士の「粋」を示す行為として認識されていた。特定の時期に流行した理由、そしてなぜ殉死が「強制された死」と後世に誤認されていったのかを解明した画期的名著が待望の復刊！　解説・本郷恵子

敗者の古代史
「反逆者」から読みなおす
森　浩一
歴史は勝者が書いたものだ。朝廷に「反逆者」とされた者たちの足跡を辿り、歴史書を再検証。地域の埋もれた伝承を掘り起こすと見えてきたのは、地元で英雄として祠られる姿だった。考古学界の第一人者が最晩年に遺した集大成作品。

噴火と寒冷化の災害史
「火山の冬」がやってくる
石　弘之
地球に住むリスク、その一つが火山噴火だ。なかでも深刻なのが長期の寒冷化だ。その影響は多大で、文明の滅亡や大飢饉の発生など、歴史を大きく変えてきた。長年、地球環境問題に取り組んできた著者が、火山と人類の格闘をたどる。

俳句劇的添削術
井上弘美
実作者の苦悩を述べた推敲過程をもとに、プロの発想力と技術で添削、初級者からベテランの句までも劇的に変わる！一音一語を無駄にせず、「ことばの力」を最大限にどう引き出すか。添削から学ぶ、目からウロコの俳句上達法。

昭和と日本人　失敗の本質
半藤一利
昭和史の語り部・半藤一利が自身の戦争体験を交え、第二次世界大戦を通して日本がおかした失敗を検討する。各紙の国際連盟脱退支持、陸軍が不問にしたノモンハン事件大敗……歴史の面白さを味わわせてくれる傑作が待望の復刊！

KADOKAWAの新書 好評既刊

満映秘史
栄華、崩壊、中国映画草創

石井妙子
岸　富美子

甘粕正彦が君臨し、李香蘭が花開いた国策映画会社・満洲映画協会。その実態、特に崩壊後の軌跡は知られていない。原節子主演の日独合作映画『新しき土』に参加後、満映に入り、戦後は中国映画の草創を支えた映画編集者が遺した満映秘史！

長期腐敗体制

白井　聡

なぜ、この国ではいつも頭《トップ》から腐っていくのか？　そして、不正で、無能で、腐敗した政権が続いてしまっているのか？　歴史、経済、外交・安全保障、市民社会の各分野から長期腐敗体制と化した要因を示し、シニシズムを破る術を模索する。

知らないと恥をかく世界の大問題13
現代史の大転換点

池上　彰

2022年2月のロシアのウクライナ侵攻を受けて新たな時代を迎えた世界。プーチンはなぜ動いたのか、止められないのか。現代史の大転換点を、歴史的背景などを解説しながら池上彰が読み解く。人気新書シリーズ最新第13弾。

戦国武将、虚像と実像

呉座勇一

織田信長は革命児、豊臣秀吉は人たらしで徳川家康は狸親父。これらのイメージは戦後に作られたものも、実は多い。最新研究に基づく実像を示すだけでなく、著名武将のイメージの変遷から日本人の歴史認識の変化と特徴まで明らかにする！

松本連隊の最後

山本茂実

太平洋戦争末期、1944（昭和19）年2月に松本百五十連隊は太平洋の日本海軍最大の根拠地、トラック島に上陸した。生き残りの兵士たちに徹底取材した無名兵士たちの哀史。『あゝ野麦峠』の著者が遺した戦記文学の傑作が甦る！

KADOKAWAの新書 ❦ 好評既刊

韓国語楽習法
私のハングル修行40年

黒田勝弘

語順は日本語と一緒、文字はローマ字と似た仕組み、漢字由来の言葉も多い……韓国語は日本人にとって、非常に学びやすい外国語だ。ハングルを限りなく楽しんできたベテラン記者が、習得の極意を伝授。読めば韓国語が話したくなる！

団地と移民
課題最先端「空間」の闘い

安田浩一

団地はこの国の課題最先端「空間」である。近年、団地は都会の限界集落と化している。高齢者と外国人労働者が居住者の大半を占め、そこへ〝非居住者〟の排外主義者《ネトウヨ》が群がる。テロ後のパリ郊外も取材し、日本に突きつける最前線ルポ！

エシカルフード

山本謙治

倫理的（エシカル）な消費とは、「環境」「人」「動物」に対して生じた倫理的な問題に対し、消費を通じて解決しようとするアプローチのこと。農産物の流通改善に取り組み、情報発信を続けてきた著者による、食のエシカル消費入門書。

がん劇的寛解
アルカリ化食でがんを抑える

和田洋巳

完治できなくても、進行を抑えて日常生活を取り戻す「劇的寛解」という手がある。最新研究と臨床経験から導き出したアルカリ化の食事術で、がんの活動しにくい体内環境へ。元京大病院がん専門医による最良のセカンドオピニオン。

絶滅危惧種はそこにいる
身近な生物保全の最前線

久保田潤一

アマガエルやゲンゴロウなど、身近な生き物たちが絶滅の危機に瀕している。環境保全の専門家である著者は生物の多様性を守るため、池の水を抜き、草地を整え、侵略的外来種を駆除する。ときには密放流者との暗闘も。保護活動の最前線！

KADOKAWAの新書 好評既刊

次世代型リーダーの基準
世界基準で「話す」「導く」「考える」

田口 力

GE（ゼネラル・エレクトリック）でトップ15％の社員が受けられる幹部研修——そこで語られる「リーダーに求められる考え方」「リーダーシップを発揮するために必要なスキル」とは。マスター・トレーナーが解説する次世代リーダー必携書。

面白い物語の法則〈下〉
強い物語とキャラを作れるハリウッド式創作術

クリストファー・ボグラー＆デイビッド・マッケナ
府川由美恵（訳）

本書は「ハリウッドの虎の巻」とも呼ばれ、物語をより深く味わうためにも役立つ（下巻では原書の第13章～最終章を掲載）。様々な分野の原理を援用した総合的かつ多彩なテクニックを紹介するロングセラー。

面白い物語の法則〈上〉
強い物語とキャラを作れるハリウッド式創作術

クリストファー・ボグラー＆デイビッド・マッケナ
府川由美恵（訳）

初心者からプロの作家、物語創作者、脚本家迄に対応する、まさにバイブル。高名な〈英雄の旅路〉理論を平易に解き明かしつつ、独自に発展させた実践的手法を紹介する全2巻（上巻は原書の第12章迄を収録）。

長生き地獄
資産尽き、狂ったマネープランへの処方箋

森永卓郎

「人生100年時代」と言われる昨今。しかし、老後のベースになる公的年金は減るばかり。夫婦2人で月額13万円時代が到来する。長生きをして資産が底を付き、人生計画が狂う——そんな事態を避けるための処方箋。

「させていただく」の使い方
日本語と敬語のゆくえ

椎名美智

「させていただく」は正しい敬語？　現代人は相手を敬うためでなく、自分を丁寧に見せるために使っていた。明治期、戦後、SNS時代、社会環境が変わるときには新しい敬語表現が生まれる。言語学者が身近な例でわかりやすく解説！